이병철처럼

대한민국을 바꾼 경제거인 시리즈 ❷

이병철처럼

대한민국을 바꾼 경제거인 시리즈 ❷

초판 1쇄 발행	|	2012년 12월 28일
저　　　자	|	박시온
감　　　수	|	손병두
발　행　인	|	김영희
발　행　처	|	(주)FKI미디어 www.fkimedia.co.kr
기획·마케팅	|	신현숙
디　자　인	|	김서영
편 집 · 교 열	|	박진실, 민서영, 홍명신, 박지혜, 박수진, 정혜원
등　　　록	|	13-860호
주　　　소	|	150-742 서울 영등포구 여의도동 27-2
전　　　화	|	출판콘텐츠팀: 3771-0286 / 영업팀: 3771-0245
팩　　　스	|	3771-0138
E - m a i l	|	truth@fkimedia.co.kr
I S B N	|	978-89-6374-032-4
정　　　가	|	14,000원

\| 낙장 및 파본 도서는 바꿔 드립니다.
\| 이 책 내용의 전부 또는 일부를 재사용하려면 반드시 FKI미디어의 동의를 받아야 합니다.

이 도서의 국립중앙도서관 출판시도서목록(CIP)은 e-CIP홈페이지(http://www.nl.go.kr/ecip)와 국가자료공동목록시스템(http://www.nl.go.kr/kolisnet)에서 이용하실 수 있습니다. (CIP제어번호: CIP2012006003)

대한민국을 바꾼 경제거인 시리즈 ❷

이병철처럼

반도체 신화를 넘어 **위대한 대한민국으로**

박시온 지음
손병두 감수

추천의 글

우리나라 사람들은 남의 장점을 칭찬하기보다 단점을 더 크게 보고 비난하기를 좋아한다고 합니다. 그래서 한국에서는 영웅이 나오지 않는다고 합니다.

사람은 누구나 장단점이 있게 마련입니다. 가정이든 직장이든 사회든, 인간관계에서 상대방의 장점을 보려고 하며 그것을 칭찬해주고 격려해주면 그 가정과 조직과 사회는 밝고 행복하리라 믿습니다.

이번에 박시온 작가님이 쓴 《이병철처럼》을 읽고서 저는 고(故) 이병철 회장님을 10년 동안 가까이서 모셨던 사람으로서 참으로 감회가 깊었습니다.

저자는 우리에게 용기와 희망을 주려고 했습니다. 비난보다는 격려하고 칭찬하는 메시지를 주려고 했습니다. 이병철 회장님의 장점을 보려고 했고, 그 장점을 오늘을 사는 젊은이들이 본받아 용기와 희망을 갖고 새로운 대한민국 건설에 이바지하게 하려는 열망을 느끼게 했습니다.

우리 속담에 "사촌이 땅을 사면 배가 아프다"라는 말이 있습니다. 우리 국민은 부자에 대한 질투심이 너무 강합니다. 이런 풍토 속에서 세계적인 기업인이 나오기 어렵고 제대로 된 시장경제가 발전하기 어렵습니다.

보통의 사람이라면 온갖 비난과 몰이해 속에서도 '사업보국'이라는 신념 하나로 꿋꿋이 50여 년을 기업인으로 살아오기가 어려웠을 것입니다. 그분도 처음엔 보통사람이었습니다. 그러나 사업보국이라는 뜻을 세우고 난 뒤에는 부단한 노력으로 최고의 경영자가 되었습니다.

일본 식민지 시대에 태어나 척박한 환경 속에서 기업인의 뜻을 세우고, 해방과 6·25전쟁, 4·19혁명, 5·16군사정변 등 정치·사회적 혼란을 겪으며 한국 자본주의의 초석을 닦으신 분으로부터 우리가 배울 것은 정말 많습니다.

사업을 시작하기 전에는 늘 국가를 먼저 생각하는 분이었습니다. 아무리 돈이 되는 사업이라도 나라에 도움이 되지 않으면, 또 세계적인 경쟁력을 가질 수 없다면 착수하지 않았습니다.

멀리 크게, 초일류를 지향했습니다. 항상 연구하고 도전했습니다. 잠시도 무엇인가를 창조하고 건설하고 있지 않으면 심기가 불편한 분이었습니다. 그분은 자기관리에 철저했습니다. 모범을 보였고, 지기를 싫어했습니다.

"작은 것을 잘해야 큰 것을 잘할 수 있다"고 늘 강조했습니다. 치밀하게 조사하고, 다시 검토하고, 그리고 또 확인하면서 일을 했습니다. 워낙 치밀하여서 참모들은 "돌다리도 두들기며 건너라"라는 우리 속담보다 더한 '돌다리도 두들기며 건넌 사람을 보고 건너는 분'이란 말을 할 때가 많았습니다.

칭찬할 때는 하늘을 나는 것같이 아주 기분 좋게, 나무랄 때는 쥐구멍이라도 찾고 싶을 정도로 준엄하게 꾸짖었습니다.

늘 정직을 강조했습니다. 일의 실수는 용서하지만 부정이나 거짓말은 절대로 용서하지 않았습니다. 흔히 '이병철' 하면 자기 이익을 위해서라면 무슨 일이든지 하는 수전노 같은 사람으로 잘못 알려져 있는 것이 안타깝기만 합니다.

그분은 한 손에는 《논어》(의 : 義)를 다른 한 손에는 '주판'(이 : 利)을 들고 경영한 분입니다. 의(義)와 이(利)의 균형을 취한 분입니다.

우리 사회에 도덕, 윤리, 정의를 세우려고 노력했습니다. 정치 대신 언론 사업을 했고, 대학과 문화예술재단을 세워 교육과 문화를 통해 진실과 정의와 사랑이 넘치는 사회를 만들려고 애썼습니다.

한 사람을 이해하고 평가하기란 참으로 어렵습니다. 그럼에도 불구하고 박시온 작가님은 이병철 회장님에 대해 사실에 입각하여 담담하게 그려냄으로써 우리 젊은이들에게 희망과 용기를 주고자 했다고 믿습니다. 이병철 회장님처럼 보통의 사람에서 최고의 CEO가 되려고 한다면, 진심으로 젊은이들에게 일독을 권합니다.

2012년 12월

감수자 **손병두**

전 삼성그룹 회장비서실 이사
현 삼성꿈장학재단 이사장

프롤로그

천석꾼의 아들이라 쉬웠다고?

21세기 우리나라 CEO들이 가장 닮고 싶어 하는 경영자는 누구일까?

삼성그룹 창업주인 이병철이다. 그는 우리나라에 '경영'이라는 말 자체가 생소하던 시절부터 '글로벌 초일류 기업, 삼성'의 초석을 마련한 대한민국 경영의 아버지이다. 그가 기업을 일구어낸 역사는 한국의 산업사요, 경제사라 해도 과언이 아니다.

이병철은 1936년 마산에서 협동정미소를 세워 사업을 시작해 1938년 자본금 3만 원으로 삼성그룹의 모태인 삼성상회를 설립했다. 1951년에는 부산에서 삼성물산을 설립해 무역업을 시작했으며, 1953년에서 1954년 사이 제일제당과 제일모직을 통해 큰 성공을 거뒀다.

이후 전기, 전자, 조선, 항공, 석유 화학, 은행, 증권, 보험, 병원, 백화점, 언론 등에 이르기까지 폭넓은 산업 분야에 진출해 삼성을 명실공히 한국 최고의 기업으로 성장시켰다.

이병철이 50년간 삼성의 최고 사령탑으로 재임하면서 설립 또는 인수한 기업은 모두 서른일곱 개에 달한다. 그 기업들은 대부분 세계 최고이거나 그 수준에 빠르게 접근하고 있다. 특히 반도체 산업은 세계 시장을 석권하면서 '산업의 쌀'이라는 영광의 호칭까지 얻었다.

일찍이 분야별로 산업이 발전한 미국이나 유럽에서도 이런 사례는 상상하기 힘들고 뒤늦게 자본주의가 시작된 일본에서도 드문 일이다. 그러나 이병철과 그의 사업에 대한 한국 사회의 평가는 매우 혹독했고 심지어 부당하기까지 했다. 이병철 자신도 이런 세상의 반응이 쉽지 않았다고 말한다.

"어떤 때는 사업만 앞세운다는 비난을 받기도 하였고 또한 어떤 때는 심혈이 맺힌 기업이나 자본을 단장(斷腸, 몹시 슬퍼서 창자가 끊어지는 듯함)의 심정으로 내놓아야 하는 사태에 직면하기도 하였다. 사회의 곡해는 한 개인에게는 때로 너무나 무거웠다. '일하는 자에게는 일하지 않는 자가 항상 가장 가혹한 비판자 노릇을 하는지도 모른다.' 이러한 생각을 되새기면서 분노와 비애를 내일의 용기로 바꾸려고 잠을 이루지 못한 밤이 몇 밤이었다."

가끔 "천석꾼의 아들이니 시작부터 쉬웠지"라고 이병철을 폄하하는 사람들이 있다. 나는 그들에게 이런 질문을 던지고 싶다. "옛날 천석꾼 자손 중 몇 명이나 삼성만한 글로벌 기업을 이룰 수 있었는가?"라고.

이병철은 스물여섯 살에 사장으로 사업을 시작하여 단 한 번도 월급쟁이였던 적이 없지만 리더라고 해서 가진 것을 누리려고만 하거나 게으름을 피우지 않았다. 그에게는 매 순간이 사업이었고 연구 대상이었다. 골프장에 가서도 "왜 잔디가 죽었느냐, 살릴 방법은 없겠느냐", "추위에 강한 잔디가 어딘가에 있지 않겠느냐. 찾아봐라" 하고 지시했다. 하루 스물네 시간을 그렇게 살았다.

그는 호기심이 많고 상상력이 풍부했으며 도전 정신이 흘러넘치는 정열적인 인물이었다. 또한 새로운 사업에 착수할 때는 온 에너지를 쏟아 철저한 준비 과정을 거치는 세심함을 보여줬다. 예술가가 예술 작품을 만들 듯이 이병철은 창조적으로 자신의 사업을 개척해나갔다. 무엇보다 기존 관념이나 관행에 크게 구애받지 않았고 늘 한발 앞선 선택을 했다. 그렇게 손쉽게 누군가의 발자국을 따라가지 않고 스스로 답을 구해나갔기에 그는 초일류 기업의 기초를 닦을 수 있었다.

인간이 이룰 수 있는 일의 한계는 결국 상상력의 한계라고 한다. 자신이 상상할 수 있는 모든 것을 상상하고 현실로 만들고자 노력했던 이병철, 그의 기업가 정신이 이 책을 읽는 여러분에게도 고스란히 전해지길 바란다.

2012년 12월
저자 **박시온**

이 책의 주요 내용

추천의 글 04
프롤로그 천석꾼의 아들이라 쉬웠다고? 07

1. 초일류 기업가의 No.1 프로젝트   12

프로젝트 1. 세상에서 가장 달콤한 성공
전쟁 속에 핀 꿈 15
국민의 하루 세 끼를 지키다 22
▲ 이병철의 성공법칙 1 : 경청하라! 35

프로젝트 2. 옷으로 새로운 세상을 만들다
우리 땅에서 만든 멋 37
꿈꾸는 옷감 48
▲ 이병철의 성공법칙 2 : 적자생존? 적는 자 생존! 59

프로젝트 3. 영원한 꿈과 미래를 위하여
비 내리던 날들 61
무지개를 찾는 사람 76
▲ 이병철의 성공법칙 3 : 아이디어, 꼬리에 꼬리를 물어라! 83

프로젝트 4. 반도체, 신화의 시작
전자 산업의 바다로 85
미래 산업의 총아를 만나다 97
▲ 이병철의 성공법칙 4 : 미래를 읽는 독서 습관을 길러라! 109

프로젝트 5. 서비스의 신세계를 열다
대한민국의 얼굴을 짓다 111
국민의 불안을 해결하다 124
21세기의 극락을 만들다 127
▲ 이병철의 성공법칙 5 : 가장 잘할 수 있는 일을 먼저 하라! 131

2. 20세기를 산 21세기형 CEO의 선택　　132

선택 1. 20대의 실패를 평생 밑천으로 삼다
학교가 작은 소년　　135
실패, 위대한 발걸음의 시작　　145
▲ 이병철의 성공법칙 6 : 헛된 경험은 단 1초도 없다!　　165

선택 2. 삼성맨이 곧 삼성이다
기업의 씨앗은 사람이다　　167
무섭고 다정한 우리 회장님　　177
▲ 이병철의 성공법칙 7 : 사람을 믿지 못하면 쓰지를 말고,
　　　　　　　　　　　 썼으면 믿고 맡겨라!　　191

선택 3. 믿고 전진하라, 모든 것은 올바르게 돌아가리니
10년의 꿈, 10년의 도전　　193
나라에 바친 꿈　　207
▲ 이병철의 성공법칙 8 : 나아갈 때와 물러서야 할 때를 구분하라!　　219

선택 4. 한국 문화의 르네상스를 꿈꾸다
또 다른 사업, 메세나　　221
이것이 인생이다　　227
▲ 이병철의 성공법칙 9 : 뇌를 말랑말랑하게 만들어라!　　233

3. 이병철 할아버지, 질문 있습니다!　　234

에필로그　21세기를 사는 22세기형 CEO들에게　　246
부　　록　호암 이병철 회장 연보　　248
참고문헌　　256

1. 초일류 기업가의 No.1 프로젝트

"유사 이래 20세기 후반에 한국이 겪었던 것보다 더 빨리, 그리고 더 많이 변한 나라는 없다."
세계적인 석학 피터 드러커의 말이다. 우리나라의 눈부신 발전은 미래 지향적인 기업인이 있었기 때문에 가능했다고 해도 과언이 아니다. 전쟁의 폐허를 딛고 창의적인 기업가 정신으로 무(無)에서 유(有)를 창조해온 이들의 중심에는 삼성그룹의 창업주, 이병철 할아버지가 있었다. 그가 50년 동안 서른일곱 개의 회사를 이끌면서 자주 한 말이 있었다.

"누구도 따라오지 못하게 만들어야 합니다. 흉내도 낼 수 없게 말입니다!"
시작한 사업 분야에서는 무조건 최고가 되어야 했던 이병철 할아버지의 'No.1 프로젝트'는 과연 어떤 과정을 거쳐 이루어졌을까?

프로젝트 1

세상에서
가장 달콤한 성공

중요한 것은 소비재냐 생산재냐가 아니라
국민에게 필요한 것이냐 아니냐입니다.
양질의 제품을 저렴하게 사회에 공급하는 일이
기업의 사명이고 기업이 존재하는 가치입니다.
당장 배고프고 입을 것이 없는데
선박을 건조하면 무슨 소용이 있습니까?

프로젝트 1

전쟁 속에 핀 꿈

스무 배의 성공

아직 한국전쟁이 한창이던 1952년, 우리나라 임시 수도인 부산.

"우리 회사 자본금이 60억 원입니다. 지난 1년 사이에 스무 배나 불어났어요."

삼성물산주식회사 경영진은 기쁨을 감추지 못했다. 그도 그럴 것이 회사는 설립 후 1년째 호황을 이어가고 있었다.

"여기저기 물자가 부족하니 무역업만한 것이 없습니다. 역시 사장님이 업종을 정말 잘 고르셨다니까요."

"무역을 하는 게 어디 우리 회사뿐이랍니까? 사장님 지시대로 우리가 기동력 있게 물건을 댄 덕분이 아닙니까?"

"이렇게 좋은 날, 사장님도 한 말씀하시죠."

사람들은 일제히 탁자 중앙에 앉은 남자를 쳐다보았다. 삼성물산주식회사의 사장 이병철. 그는 이제 막 마흔을 넘어선 젊은 사업가로, 그의 눈매는 예리하고 깊었다. 체격은 크지 않았고 호리호리한 편이었다. 윤곽이 갸름한 얼굴, 한 올도 흐트러짐이라곤 없는 머리카락…. 그는 무척 단정한 사람이었다. 또한 직원들의 말처럼 이병철의 경영 수완은 탁월했다.

이병철이 부산에서 처음 회사를 열었을 때에는 규모가 훨씬 큰 회사들이 많았다. 그러나 무엇이 잘 팔리는 물건인지 알아내는 시장 조사 능력과 물건을 조달하는 기동력에 있어서는 삼성물산주식회사를 따라올 곳이 없었다. 그는 제2차 세계대전 패전국인 일본에 철이 절대적으로 부족하다는 사실에 주목하고 전국에 있는 고철을 모아 일본에 수출했다. 그 이익으로 홍콩 등지에서 비료와 설탕을 수입해 국내에 팔았다. 그의 예상은 늘 적중했고 수익은 눈덩이처럼 커졌다.

"삼성물산공사가 드디어 재기에 성공한 것 맞죠? 사장님, 어서 한 말씀 해 주십시오!"

직원들이 재촉했다. 그랬다. 이병철은 전쟁 전에 서울에서 이미 삼성물산공사라는 이름의 회사를 운영해본 경험이 있었다. 한국전쟁이 일어나 모든 재산을 잃고 내려왔지만, 당시 체득했던 무역의 기초는 고스란히 남아 있었다.

직원들과 함께 기쁨에 흠뻑 취해도 좋을 것 같았지만 오늘따라 이병철의 눈빛이 평소보다 깊었다.

"저는 어쩐지 숫자 놀음 같다는 생각이 듭니다."

단호해 보이는 입술을 열어 그가 낮게 말했다.

"무슨 말씀입니까?"

"전쟁 중이라 물건값이 그만큼 올랐잖습니까?"

"그건 그렇지만 흑자인 것은 부인할 수 없는 사실입니다."

"앞으로 이 호황이 얼마나 더 갈지 자신할 수도 없습니다. 물자가 부족하니 당장은 무역을 해서 조달하는 것이 옳습니다만, 근본적인 해결책은 물건을 만드는 것이 아니겠습니까?"

직원들이 순간 서로의 얼굴을 쳐다보았다.

"그러니까 사장님은 우리도 무언가 만들어서 팔자는 말씀이십니까?"

이병철은 대답 대신 미소를 지었다. 직원들은 미소의 의미를 잘 알고 있었다. 평소 말수가 적은 이병철이 그런 미소를 보인다는 것은 이미 마음을 굳혔다는 뜻!

"아이쿠, 사장님 그건 안 될 말씀입니다! 여기저기서 총질을 해대는 이 상황에서 공장을 세우는 건 화약을 짊어지고 불구덩이로 들어가는 것과 다를 바가 없습니다. 공장을 지으려면 시간이 많이 걸리고 투자 원금을 회수할 수나 있을지 아무도 장담 못합니다."

"맞습니다. 더 많은 물건을 더 빨리 들여오는 것이 중요합니다. 이미 순조롭게 궤도에 올라 있는 무역업을 버리고 왜 굳이 제조업에 손을 대신다는 건지 이해가 되지 않습니다."

"여러분, 밑 빠진 독에 물을 계속 붓는 것은 의미가 없습니다. 깨진 독을 고치고 나서 물을 부어야 합니다."

이건 또 무슨 말인가! 알쏭달쏭했다.

"가난한 사람들에게 물건을 팔아 돈을 버는 일은 밑 빠진 독에 물을 붓는 것과 같습니다. 더 크고 탄탄한 회사가 되려면 물건을 살 소비자가 돈이 있어야 하고 나라가 부강해져야 합니다. 이 지독한 가난을 벗어나는 길은 힘들어도 잿더미 위에 공장을 짓고 우리 손으로 물건을 만들어내는 것입니다. 이것이 지금 우리가 가진 60억 원을 가장 값지게 쓰는 방법입니다."

해방 직후 혼란기를 거치면서 정부가 수립된 해는 1948년이었다. 그러나 이승만 정부가 경제 개발의 기반을 다지려고 애쓰던 1950년에 한국전쟁이 터지고 말았다. 동족에게 총을 겨눈 이 끔찍한 사건은 수많은 인명을 앗아갔고 동시에 이제 막 움트려는 근대화 산업의 기반을 불태워버렸다. 농업 시설, 공업 시설, 발전 시설을 포함한 피해액은 3억 5,400만 달러 정도였고 특히 공업 시설의 피해액은 1억 1,500만 달러에 달했다. 당시 남한의 3대 공업 지역으로는 경인(서울과 인천 서구), 삼척(중부 및 동해안 지역), 영남(대구 및 부산 지구)이 있었다. 그중 영남 지구만이 간신히 숨을 쉬고 있는 형편이었고 나머지 두 곳은 생산 시설 대부분이 파괴되었다.

이병철의 결심이 이미 확고하다는 것을 간파한 이가 조심스럽게 물었다.

"생산 공장을 짓는다면 구체적으로 어떤 공장을 지을 생각이신지요?"

"그건 저도 아직 모릅니다. 앞으로 연구해서 결정하도록 하지요."

그 말에 사람들은 웃음을 터뜨리고 말았다. 업종도 생각해두지 않고 무조건 공장을 세우겠다니…. 그러나 사람들은 이병철이 한번 내뱉은 말은 꼭 해내고 마는 사람임을 알고 있었다. 이병철의 혜안을 다시 한 번 믿고 따르기로 했다.

무엇을 만들까?

이병철은 지난 15년간 사업을 하면서 가장 먼저 깨달은 성공의 필수 조건이 있었다.
'먼저 치밀한 조사와 준비가 필요해.'
다음날부터 전 직원이 각계에 있는 전문가를 쫓아다녔다. 질문은 단 한 가지! "무엇을 생산할 것인가?" 이병철 자신도 정부의 경제 관료, 경제 전문가의 의견을 수렴하며 돌아다녔다. 그러나 대부분 비관적인 답을 내놓았다.
"돈이 돈 같지 않은 세상입니다. 날마다 치솟는 물가를 보십시오. 공장이 아니라 돈을 집어삼키는 괴물이 따로 없을 걸요?"
"아직 전쟁 중이에요. 그럴 일이 없길 바라지만, 만에 하나 폭격이라도 맞으면 그날로 파산입니다."
경영진의 걱정 어린 충고만 되돌아왔다.
"마음에 둔 품목이나 업종이 있습니까?"
"구체적이지는 않지만, 수입품을 대체할 수 있기를 바랍니다."
"어허, 이거 참! 공장을 세우고 물건을 만든다고 칩시다. 미국산보다 잘 만들 수 있습니까? 어림없지요."
그런데 같은 이야기에도 긍정적인 반응을 보이는 단 한 명의 전문가가 있었다. 정부 관료였던 그는 장기적인 안목으로 볼 때 국가적으로 꼭 필요한 일이라고 말했다. 이병철은 용기를 얻었다. 하지만 여기서 그치지 않았다. 끈질기게 질문을 던졌고 결국 가장 중요한 답을 얻었다.

"그럼 각오를 단단히 하십시오. 당분간 이익을 기대하긴 어려울 겁니다."

"예, 각오는 되어 있습니다. 수익이 나지 않더라도 나라와 국민들에게 도움이 된다면 그만한 가치가 있습니다."

"이 사장님이 그렇게 생각하신다면 다행입니다. 수입 물자 중에서 앞으로 국민들한테 더 많이 필요해질 품목은 종이, 페니실린(Penicillin, 푸른곰팡이를 배양하여 얻은 항생 물질), 설탕일 겁니다."

세 가지 품목은 모두 막대한 설비 투자가 필요했고 기술적인 문제도 안고 있었다. 선택을 잘못하면 한 번에 모든 것을 잃을지도 모를 일이었다. 이병철은 두려운 마음도 있었지만 마음을 담담히 하고 여러 가지 조건을 비교하고 분석하기 시작했다. 기준은 세 가지! 수입품을 대체할 수 있고, 국민들에게 현재와 미래에 모두 꼭 필요해서 시장성이 충분하고, 마지막으로 빨리 국산화할 수 있는 물건이어야 한다는 조건이었다.

해방 전 우리나라에는 대규모 제지 공장이 열다섯 개 있었다. 북한에 열네 개, 남한의 군산에 한 개가 있었다. 물론 규모가 작은 공장들도 십여 개가 있었지만, 한국전쟁 중에 거의 파괴되어 지금은 부산에 있는 몇 개 공장만 가동하고 있었다. 1년에 겨우 3~4톤 정도밖에 생산해내지 못했고 나머지는 모두 원조 물자와 재생지로 충당하고 있었다.

제약업은 해방 전에 일본 약품 회사가 시장을 독점했다. 그러다보니 국내 생산 시설은 기껏해야 고약(주로 헐거나 곪은 데에 붙이는 끈끈한 약) 종류, 간단한 외상 치료 약품, 소화제나 감기약 정도를 만드는 수준이었다. 페니실린 같은 항생제를 만들 수 있는 회사는 단 한 곳도 없었다. 그런데 각종 전염병과

감염이 많은 때이니 페니실린의 수요가 많았고 대부분 군대에서 흘러나온 것을 시장에서 팔고 있었다. 분명 생산에만 성공하면 판로 걱정은 할 필요가 없어 보였다. 그러나 비용이 많이 들고 전문성을 많이 요구했다.

제당업은 1917년에 평양 근처에 우리나라 사람이 '조선제당회사'를 세워 한 적이 있었다. 하지만 제1차 세계대전이 일어나는 바람에 원료를 제대로 조달하지 못해 문을 닫았다. 1920년에 이 회사를 인수해 문을 연 '대일본제당'이 해방 직전까지 1년에 약 50톤 정도를 생산해 전국에 공급했다. 그러나 해방 이후에는 이 공장도 문을 닫아 우리나라는 설탕 공급을 모두 수입에 의존하고 있었다. 1년에 200만 달러의 외화를 설탕과 맞바꿨고, 국내에서 거래하는 설탕 가격은 다른 나라 시세보다 세 배 이상 높았다.

'종이 소비량은 문화 수준의 척도이다. 설탕도 식생활이 개선되면 분명히 그 수요가 훨씬 늘어날 거야. 약도 마찬가지일 텐데…. 그럼 어떤 품목을 선택해야 할까?'

이병철의 고민은 점점 커졌다. 이때 그의 고민을 덜어준 것은 의뢰한 지 3개월 만에 '다나카기계'에서 도착한 제당 공장 건설에 관한 기획서와 견적서였다.

"나머지는 어떻게 되었습니까?"

"제약은 6개월, 제지는 8개월 정도 걸린다는 연락을 받았습니다."

이병철은 더 이상 주저하지 않고 제당업을 선택했다.

'세 가지 품목 모두 수입 대체 효과와 장래성이 있다. 하지만 한 달이라도 빨리 착수하는 것이 중요하다.'

국민의 하루 세 끼를 지키다

우리나라 제일의 회사, 제일제당

1953년 4월. 삼성물산주식회사에 제당 사무소를 설치했다. 회사 이름은 '제일제당공업주식회사(현 CJ제일제당)'. 한국 경제의 첫 번째 주자가 되겠다는 이병철의 의지가 담긴 이름이기도 했다.

"제일제당은 우리나라에서 처음으로 근대화한 설비를 자랑하는 대규모 공장이 될 것입니다."

공장을 짓는 일은 처음부터 척척 진행되었다. 당시에는 임시 수도인 부산에서 땅을 사는 일이 매우 어려웠다. 쓸만한 땅은 거의 모두 군사 용지로 수용되어 있었다. 간신히 전포동에 적당한 땅을 발견했다. 고무 공업소 자리로 약 3,306제곱미터 정도의 부지였다. 하지만 땅 주인인 노인은 소문난 고집쟁이였다. '부산고무공업사'의 사장이기도 했던 그의 이름은 이동인. 벌써 여러 회사들이 그 땅을 사려고 했지만 헛수고였다.

"그 노인 별명이 '옹고집'입니다. 아무리 많은 돈을 준대도 땅을 안 팔았다는데, 우리한테 과연 팔까요?"

직원들은 이동인과 거래를 앞두고 걱정부터 했다.

"해보지 않고 걱정부터 하면 됩니까?"

그런데 이병철의 생각이 들어맞았다. 깐깐하기로 소문난 노인이 이병철의 사업 계획을 듣고는 흔쾌히 땅을 팔겠다고 답을 해온 것이 아닌가. 그의 말은 이병철을 더욱 놀라게 했다.

"당신이 내 땅이 필요하다고 하면 두말하지 않겠소. 단, 이것만은 기억해 주시오. 당신과 당신이 하는 일이 마음에 들어서 파는 것이지 결코 돈이 탐나서가 아니오."

이동인의 말에 이병철은 더욱 용기가 났다.

자금을 구할 때에도 세상의 호의는 계속되었다. 견적서에 의하면 제당 공장을 가동시키는 데에는 모두 18만 달러가 필요했다. 이를 마련하려면 담당 관청인 상공부에 외화 신청을 해야 했다. 당시의 외환 사정으로 보면 어려운 일이었다. 하지만 상공부는 그의 사업 취지를 이해하고 전폭적으로 협력하며 선선히 대출해주었다.

그러나 기술 문제는 호의로 해결하기엔 한계가 있었다. 일본과 우리나라의 역사적·감정적 문제가 개입되어 있었기 때문이다.

이병철은 미쓰이물산을 통해 다나카기계의 제당 기계를 구입하기로 했다. 그런데 이 거래에 대해서 일본의 한 경제지가 '일본의 설탕 시장 – 한국은 일본 업계에 뒤지지 않는 대규모 최신식 공장을 추진 중'이라고 보도한 것이다. 일본 재계에서는 입장이 엇갈렸다. 일본 제당 업계는 강력한 라이벌을 견제하려 했고, 한쪽에서는 우리나라가 일본에 처음으로 기계 설비를 주문하는 이 거래를 두 나라의 관계를 개선하고 경제 협력을 이루어나갈 돌파구로 삼으려 했다.

우리나라에서도 문제가 불거졌다. 당시 이승만 정부는 반일 정책을 강하게 펼치고 있었다. 일제 강점기의 착취와 압제를 생각하면 타당한 일이었다. 그러나 이병철은 현실적으로 앞으로 한국과 일본의 경제 협력은 불가피하다고 생각했다. 이병철은 신발이 닳도록 정부 관계자를 만나 호소했다. 그러나 허가를 얻을 수는 없었다.

"이런 사태를 예측했다면 애초에 일본 회사를 파트너로 선택하지 않았을 텐데…. 하는 수 없지요. 이가 없으면 잇몸으로라도 살아야지. 기계류를 조립하는 국내 서비스 회사를 한 곳도 빠짐없이 찾아 문의합시다. 우리에게 설계도가 있으니 어떻게든 조립하겠다는 곳이 있을 거요."

다행히 한 곳에서 손을 들고 나섰다. 덕분에 한숨 돌리는가 싶었다. 그런데 이번에는 다나카기계에서 반대를 했다.

"사장님, 우리 회사의 기술 지도도 없이 기계 설비를 구입하시면 정상적으로 가동이 되지 않아도 우리가 책임을 질 수 없습니다."

계약서에도 명시된 내용이었다. 이치를 따지면 다나카기계의 이야기가 당연했다. 그런데 이병철에게는 그 말이 "한국의 기술을 신뢰할 수 없다"라는 말로 들렸다.

프로젝트 1

'내가 제당 공장을 만들겠다고 하니 많은 사람들이 믿으려 하지 않았지. 일본인들만을 탓할 일이 아니야.'

그는 이런저런 감정에 휩쓸려 시간을 낭비하는 대신 공장장 김재명(동서식품 창업주)과 함께 일본으로 떠났다. 수많은 기계 제작소와 제당 공장을 돌아보기 위해서였다. 그곳에서 다나카기계를 설득하는 한편, 기계와 기계 운전, 공장 운영 등에 대해서 직접 공부했다.

다나카기계에서 기계가 하나둘씩 들어왔다. 김재명은 일본에서 한 벼락치기 공부를 바탕으로 우리나라 기술자들을 데리고 기계를 조립해나갔다. 드디어 공장 건설이 시작된 것이었다.

자신감을 갖고 시작했지만 작업은 수월하게 진행되지 않았다. 사소한 부분에서부터 자꾸만 문제가 생겼다. 조립 과정에서 문제가 생기거나 이해가 되지 않는 부분이 생기면 김재명은 국제 전화를 이용해 다나카기계에 문의했다. 통신 기술이 발달하지 않았을 때이니 아침에 신청하면 저녁에 연결이 되었다. 또 통화 음질이 좋지 않아 말소리도 잘 들리지 않았다. 전문 용어로 설명해서 알아듣기도 힘든데 심지어는 끊기기도 했다. 그래도 보름씩을 손 놓고 기다려야 하는 편지보다는 백배 나았다.

'사람끼리 의사소통이 이렇게 어려울 수도 있구나!'

이병철은 때로 좌절하기도 했지만, 그때마다 처음 공장을 세우기로 마음먹었던 때를 떠올리며 현장을 찾았다.

고군분투하며 공장을 착공한 지 6개월, 공장장 김재명의 열의와 솔선수범으로 예정했던 날보다 두 달 빨리 정비되었다. 제일제당이 수입한 기계는 원심 분리기(원심력을 이용하여 섞여 있는 액체와 고체 또는 비중이 서로 다른 액체 혼합을 분리하는 장치) 네 대, 설탕 결정을 만드는 기계 한 대뿐. 나머지 기계는 모두 국산 중고 철판으로 조립했다. 부산은 물론 전국의 철물 업자를 찾아다니며 철판과 철관 등을 중고품까지 모두 수집했다.

'고맙습니다. 여러분!'

김재명을 비롯해 많은 직원들이 집에도 거의 못 들어가고 심지어 옷도 점심시간에 갈아입으며 일했던 지난 6개월이었다. 이병철은 김재명과 기술자들의 손을 잡고 뜨거운 악수를 나누었다. 기름때 묻고 갈라진 이 손이야말로 가장 아름답고 자랑스러운 손이 아닌가!

세상에서 가장 달콤한 설탕

이병철은 시동 스위치에 손을 얹고 길게 호흡을 가다듬었다. 2,644제곱미터 규모의 공장 안에는 하루 생산량 25톤의 설비들이 위풍당당하게 서 있었다. 평소 좀처럼 속마음을 드러내지 않는 이병철이었지만, 오늘만큼은 흥분과 설렘을 감출 수 없었다. 그의 눈에 비친 직원들 역시 마찬가지! 하얀 설탕이 눈처럼 쌓이는 모습을 구경하기 위해 직원들이 새벽부터 목을 빼고 기다리고 있었다. 동네 사람들도 모두 구경하러 나왔다.

철컥. 떨리는 손으로 스위치를 켰다. 우웅—! 두 귀를 울리는 굉음과 함께

프로젝트 1

　기계들이 가동되었다. 대만산 원당이 커다란 기계에 투입되는 모습이 보였다.

　설탕을 만들려면 사탕수수에서 채취한 원당이 필요했다. 불순물과 섞여 있는 이 원당을 원심 분리기에 넣고 쌀을 씻듯이 물로 씻어내면 1분에 1,800회 회전해서 불순물이 섞인 물과 설탕 성분을 분리해낸다. 그리고 분리한 설탕 성분은 결정기 안에서 결정으로 만들어지는 것이다.

　수많은 눈동자가 눈처럼 하얀 설탕이 쏟아져 나올 기계 출구로 쏠렸다. 그런데 이게 웬일인가! 하얀 설탕 가루 대신 액상 밀당이 그대로 콸콸 흘러나왔다. 공장 안은 원심 분리기가 균형을 잃고 흔들리면서 내는 엄청난 소음, 액상 밀당이 흘러나오는 소리, 그리고 "저게 뭐야" 하며 웅성거리는 직원들의 수근거림으로 뒤섞였다.

'어떻게 된 걸까?'

이병철은 일순간 손과 다리에 힘이 풀렸다.

"원심 분리기가 균형이 맞지 않아 생긴 일입니다."

공장장 김재명이 기계 작동을 멈추고 점검한 뒤 말했다.

"균형이 맞지 않는 원인이 뭡니까?"

"그게… 아직 모르겠습니다."

이병철은 몇 개월 동안 엄청난 돈과 노력을 쏟아부은 결과가 실패라는 사실을 인정할 수 없었다. 다나카기계에 국제 전화를 했지만 직접 보지 않고는 이유를 알 수 없다는 답변만 들을 수 있었다. 오기가 발동했다. 삼일 밤낮을 잠도 자지 않고 식음을 전폐하다시피 하며 기계만 붙잡고 있었다. 하지만 원인도 답도 찾을 수가 없었다.

그런데 뜻밖의 곳에서 해결의 실마리를 발견했다. 기계만 붙잡고 매달린 지 삼일 째가 되던 날, 용접을 위해 근처 철공소에서 파견한 한 용접공이 무심코 하는 말이었다.

"원당을 한꺼번에 너무 많이 넣는 것 아닙니까?"

"그렇게 간단한 문제인 줄 알아요? 하던 일이나 마저 하세요."

기술자가 용접공에게 면박을 주었다. 하지만 이병철에게는 용접공의 말이 하늘에서 내려준 말처럼 들렸다.

'그래, 기계에 원인이 없다면 기계를 이용하는 방법에 원인이 있었는지도 모른다.'

프로젝트 1

즉시 공장장을 불러 일렀다.

"원당의 양을 줄여 넣어봅시다."

용접공의 말대로 균형을 맞춰가면서 원당을 넣었더니 정말로 설탕이 쏟아져 나왔다. 이렇게 간단히 해결할 수 있는 문제인 줄은 꿈에도 몰랐다. 모두가 환호성을 질렀다.

이병철은 쏟아지는 설탕을 한 줌 집어 맛을 보았다. 달았다. 외국산 설탕에도 뒤지지 않는 맛이었다. 아니, 그가 지금까지 맛본 설탕 중 가장 달았다.

이날 만든 설탕의 양은 6,300킬로그램. 한국인의 손으로 만든 첫 번째 설탕을 싣고 나가는 트럭을 보며 이병철이 외쳤다.

"바로 오늘이 우리 제일제당의 창립기념일입니다!"

이날이 1953년 11월 5일이었다.

싼 게 비지떡?

"우리 설탕, 반응이 어떻습니까?"

며칠 후 이병철은 설탕을 납품한 부산 부평동 총판에 전화를 했다. 그런데 예상 밖의 답이 돌아왔다. 사람들이 너무 싸서 사가지 않는다고 했다. 이병철은 어이가 없었다.

당시 수입 설탕의 가격은 한 근에 300환(1953년 화폐개혁으로 화폐의 단위인 '원'이 '환'으로 바뀌었다), 제일제당의 설탕은 100환이었다. 3분의 1 가격으로 시장에 내놓은 것은 제당 사업 자체가 조금이라도 국민 생활에 보탬이 되고자 시작한 일이었기 때문이다. 그런데 외국산에 뒤지지 않는 품질임에도 불구하고 "싼 게 비지떡"이라는 편견 때문에 외면을 받고 있다니!

이병철은 문득 처음 전문가들의 조언을 구하던 때 수입 물자와 경쟁을 하려면 인내심을 가지고 기다려야 할 거라고 각오를 다지던 기억을 떠올렸다.

'그래, 싸고 좋은 물건이 팔리지 않을 이유가 없다. 기다리자.'

소비자들이 편견을 버리고 합리적인 선택을 하기 시작한 것은 보름 뒤쯤이었다. 판매량이 서서히 늘어갔다. 제일제당의 설탕은 부산에서는 '신일상회', 그 밖의 지역에서는 '동양제당판매회사'가 판매를 담당했다. 그런데 어느 정도 시일이 지나자 생산이 수요를 따라갈 수 없을 정도가 되었다.

제일제당이 설립되던 1953년에는 설탕 수입량이 2만 3,800톤이었다. 수입 가격은 톤당 35달러. 1년 동안 1만 톤 정도만 국산 설탕을 소비해도 절약할 수 있는 외화가 우리 돈으로 약 200억 환이었다. 실제로 설탕 소비량의

100퍼센트를 수입에 의존하던 것이 제일제당 설립 1년 뒤에는 51퍼센트로 떨어져 외화 절감 효과를 거두었다. 2년 뒤에는 27퍼센트, 3년째가 되던 해에는 7퍼센트로 떨어졌다. 수입을 국내 생산으로 대체하자는 이병철의 목표가 3년 만에 거의 실현된 셈이었다. 제일제당은 1955년에 설비를 늘리고 생산량도 두 배로 늘렸다.

이병철은 설탕 생산 2년 만에 거부가 되었다. 그러나 그에게 자부심을 가져다준 것은 엄청난 돈이 아니라 설탕 국산화로 인해 엄청난 외화 절감을 했다는 사실이었다.

혹에 혹을 더한 이유

"세 가지 좋은 일이 있으면 세 가지 나쁜 일도 있다."

이병철이 자주 하는 말 중 하나였다. 제당 사업도 마찬가지였다. 설탕을 완벽하게 국산화시켰다 싶을 무렵에 위기가 닥쳐왔다. 설탕 소비도 늘고 원료를 수입하기도 쉬워지면서 제당업을 하겠다는 이들이 늘어난 것이었다. 1955년에서 1956년 사이에 '동양', '삼양', '대한' 등 일곱 개 회사가 설탕 생산에 뛰어들었고 국내 제당 업체가 생산해내는 설탕의 양은 모두 15만 톤에 이르렀다. 국내 소비량은 5만 톤인데 세 배에 달하는 양을 생산해내는 상황이 되었다. 엎친 데 덮친 격으로 정부가 설탕에 대한 물품세를 몇 배로 올렸다. 20환이던 세금이 60환으로 오르니 설탕값도 오를 수밖에 없었다. 당연히 수요가 대폭 줄어들었다. 결국 생산 원가보다도 싸게 물건을 넘기는 덤핑 사례가 생겨났다. 부실한 회사들이 하나둘 뒤로 나자빠졌다. 시장의 50퍼센트 가량을 차지하고 있던 제일제당도 거의 도산 직전에 내몰렸다.

이 경영 위기를 극복해나갈 가장 손쉬운 방법은 직원 수를 줄이는 것이었다. 그러나 이병철은 이미 1,000명 가까운 직원들의 생계를 책임지고 있는 가장이었다.

"여러분, 기업이 사회에 봉사하는 길은 사람들에게 일자리를 주는 것입니다. 실업자를 만드는 일은 그 의무를 저버리는 것입니다. 때문에 기업가는 이윤을 내기 이전에 기업을 탈 없이 이끌어가야 합니다."

이병철은 회사가 어려워졌다고 가족 같은 직원들을 헌신짝처럼 버릴 수 없었다. 그렇게 하는 건 국가에 대한 책임도 다하지 못하는 것이라고 생각했다. 직원 수를 줄이는 대신 그가 선택한 것은 '밀가루'였다.

밀가루를 생산하자는 말을 들은 제일제당의 경영진은 이병철의 마음을 돌려보려 애를 썼다. 당시에는 '삼백 경기'라는 말이 있었다. 세 가지 하얀색 물자, 즉 설탕·밀가루·광목이 호황을 누린다는 뜻이었다. 그러나 설탕이 지나친 경쟁을 벌이면서 사양길로 접어들었듯이 밀가루와 광목도 같은 상황을 겪고 있었다. 그런데 이런 상황에 밀가루까지 생산하면 혹 난 데 다시 혹 하나를 더하는 꼴밖에 되지 않을 것 같았다.

"사장님, 아무리 생각을 해봐도 지난번에 시장 조사를 마쳤던 제과업이 나은 것 같습니다. 과자를 만들려면 설탕이 많이 필요하니 일석이조가 아닙니까? 보고서를 보셨으니 아시겠지만 현재 작은 회사들이 형편없는 시설에서 과자를 만듭니다. 운영도 주먹구구식으로 하고 있으니 우리가 만들기만 하면 충분히 승산이 있습니다."

"여러분 말이 맞습니다. 제과업은 우리가 하면 충분히 승산이 있습니다. 하지만 생각해보십시오. 우리가 살자고 그 작은 회사들을 죽여야 하겠습니까? 나는 돈이나 많이 벌자고 기업을 하는 것이 아닙니다. 그래서도 안 되는 일이고요."

그즈음 이병철을 두고 '설탕이나 팔아서 부자가 된 사람'이라고 손가락질하는 사람들이 있었다. 손쉽게 돈을 많이 벌려고 생필품 생산에 투자했다는 것이다. 그러나 이병철은 그들 앞에서 언제나 당당했다. 그 이유는 '현명한 기업가는 정치적·경제적 여건에 맞게 기업을 운영해야 한다'라는 소신이 있었기 때문이었다. 그는 늘 스스로에게 말해왔다.

'모든 것에는 때가 있다. 하루 세 끼도 제대로 먹지 못하는 상황에 무턱대고 자동차나 선박을 만들겠다고 나선다면 걷지도 못하는 아기가 뛴다고 설치는 꼴과 다를 바가 없다. 먼저 기본이 되는 생필품을 제대로 만들면서 기술과 돈을 모으고, 나중에 중화학 공업·전자 산업을 일으키는 것이 옳다.'

그런데 이제 와서 회사가 궁지에 몰렸다고 제과업으로 손실을 메운다면 자신은 정말로 돈밖에 모르는 장사꾼에 지나지 않게 되었다.

"밀가루를 만들면 당장은 더 큰 어려움에 처할지 모릅니다. 하지만 장기적으로는 분명히 제당 사업과 서로 도움을 주면서 성장할 것입니다."

이병철이 경영진을 설득했고, 제일제당은 1957년에 설탕 제조 설비에 제분 설비를 더하기로 결정했다. 공장 설비 일체를 국산화해서 1958년부터는 밀가루를 생산·판매하였다.

　예상대로 첫해에는 적자를 면치 못했다. 하지만 이듬해인 1959년에는 우리나라 전체 밀가루 생산량의 4분의 1에 해당하는 양을 제일제당이 공급하였고 이로써 위기를 벗어났다.

　이병철의 '혹에 혹을 더하는' 선택은 당장의 이익을 고려하기보다 기업가로서 제일제당을 종합식품회사로 성장시키기 위해 장기적인 안목을 갖고 내린 결정이었다. 이병철의 바람대로 제일제당은 이후 국제 수준의 식품 연구소를 설립해서 미래 식량 개발, 유전 공학의 산업화에 도전했다. 이제 제일제당은 'CJ제일제당'이라는 이름으로 현대인의 건강한 식탁을 만들어가기 위해 끊임없이 노력하는 국내 최고의 식품 회사로 성장했다.

이병철의
성공법칙

경청하라!

이병철 할아버지는 자신이 말을 많이 하기보다 다른 사람의 말을 열심히 들었다. 전문가들의 의견, 실무 직원들의 의견을 충분히 들었다. 심지어 공장에 파견 나온 용접공의 한마디에도 귀를 기울였다. 그런 덕분에 실패로 끝날 뻔한 혹은 엄청난 추가 비용을 들일 뻔한 제당 공장의 가동 문제를 해결하기도 하였다.

경청의 중요성을 잘 알고 있었던 이병철 할아버지는 아들 이건희(현 삼성그룹 회장)가 부사장으로 첫 출근을 하던 날, 직접 붓으로 쓴 '경청'이라는 휘호를 선물했다. 현재 삼성을 이끌고 있는 이건희 회장은 이 가르침을 삼성의 기업 경영에 적극 반영하고 있다. 지금도 삼성 사장단협의회에서 행해지는 가장 중요한 행사 중 하나는 사내외 인사 강연을 경청하는 것이다.

경청은 인간관계에서도 중요한 역할을 한다. 어느 날 데일 카네기가 뉴욕 출판업자가 연 파티에서 유명한 식물학자를 만났다. 카네기는 테이블의 끝자리에 앉아서 식물학자가 이야기하는 흥미진진한 식물과 새로운 품종 개량 프로젝트 등에 대해서 경청하였다. 파티에는 10여 명의 사람들이 있었지만 카네기처럼 그 학자의 이야기에 귀기울여주는 사람은 없었다.

파티가 끝날 무렵 식물학자는 파티 주최자에게 다가가 말했다.

"카네기 씨는 이야기를 정말 흥미롭게 하는 분이더군요."

이 얘기를 들은 카네기는 깜짝 놀랐다. 자신은 그 자리에서 거의 말을 하지 않고 열심히 듣기만 했기 때문이다. 식물학자는 카네기가 열심히 듣는다는 걸 느꼈고, 그 자체로 만족스러웠던 대화라고 여긴 것이었다.

여러분도 "엄마, 아빠하고는 말이 안 통해!", "너랑은 말이 안 통해!"와 같은 말을 한번쯤 했거나, 들어봤을 것이다. 누군가에게 이해를 받고 싶다면 먼저 이해해야 하는 법! 경청은 상대의 마음을 여는 열쇠이다. 이것이 우리에게 귀가 두 개, 입이 한 개인 이유가 아닐까?

> **프로젝트 2**
>
> # 옷으로
> # 새로운 세상을 만들다

100퍼센트 자신이 없으면 아예 시작도 하지 말아야 합니다.

불안한 마음으로 망설이면 최선을 다할 수 없습니다.

위험하다고 생각하면 계획 단계에서 전력을 기울여

그 위험의 싹을 제거하십시오.

프로젝트 2

우리 땅에서 만든 멋

마카오 신사

"제일제당 사장이 이제 겨우 마흔을 넘었다며? 어머나 세상에, 젊은 사람이 대단하네. 어떻게 생긴 사람인지 한 번 보고 싶네."
"사진을 보니까 아주 멋쟁이야. 마카오 신사!"
"마카오 신사?"
"마카오 신사 몰라?"
이병철은 항상 정장 차림을 했는데 윗옷은 품에 꼭 맞게, 바지는 날을 세워 입었다. 눈에 잘 띄지 않는 바지 길이도 구두 위를 다 덮지도, 발목이 보일 만큼 짧지도 않게 유지했다. 척 보기에도 눈에 띄는 사람이었다. 사람들은 패션 감각이 뛰어난 이병철을 '마카오 신사'라 불렀다.
이제 막 휴전 협정을 마치고 잿더미 위에 새로 집을 짓기 시작한 한국이었지만 멋쟁이들이 하나둘 생겨났다. 흰 정장에 백구두, 홍콩제 손목시계는 당시 최고의 패션 코드였다. 사람들은 이렇게 산뜻한 양복을 빼입은 이들을 한마디로 '마카오 신사'라고 불렀다. 유행하는 양복지 대부분이 홍콩이나 마카오에서 수입되었기 때문이다.

한편 정부 입장에서는 이런 마카오 신사들이 큰 골칫거리였다. 마카오 양복감(1950년을 전후해서 마카오나 홍콩 등지에서 밀수입해온 양복감)은 45달러 정도로 월급 생활자의 석 달치 월급을 웃돌았다. 국민 소득이 겨우 70달러에 불과하던 시절이니 이는 엄청난 가격이었다.

"한 푼의 외화도 아쉬운 판에 외국 제품을 찾는 풍조는 근절해야 합니다."

정부는 국산품 애용을 당부하며 수입에 규제를 가했다. 그러나 밀수는 더욱 횡행했다. 일반 서민들의 양복은 미군들이 입던 군복을 염색해 만든 것이 많았다. 하지만 부유층의 양복이나 결혼 예물로는 여전히 밀수한 양복감을 사용했다. 누구나 국산이 절대로 수입 양복감의 품질을 따라잡을 수 없다고 생각했기 때문에 밀수 규모는 줄어들지 않았다. 시장에 밀수한 양복지가 범람한다는 사실을 알고 있었지만 정부에서도 완전히 막을 방법을 찾지 못했다.

멋쟁이 이병철은 우리나라에 훌륭한 양복지가 없어 밀수입하는 이런 현실이 누구보다 안타까웠다.

'그래, 양복지를 국산화해보자!'

이병철은 제일제당의 설비를 늘리기로 하고 나서 바로 '방적업'이라는 새로운 사업을 구상했다. 이번에는 국내 제일에 만족하지 않고 '세계 제일'의 상품을 만들어볼 참이었다.

프로젝트 2

이병철은 길거리를 지나는 마카오 신사들의 옷차림을 하나하나 눈여겨보았다.

예술가의 열정엔 박수, 기업가의 열정엔 비난?

1954년 어느 날, 이병철은 강성태 상공부 장관과 마주하고 있었다.

"회사 임원들은 모두 면직(목화솜으로 짠 피륙)을 권합니다만 저는 모직(털실로 짠 피륙)을 생각하고 있습니다. 장관님 생각은 어떠신지요?"

"면직도 모직도 모두 좋습니다. 다만 면직물 짜는 기술은 이미 누구나 할 수 있을 정도로 보편화하지 않았습니까? 수출이 가능할 정도로 자동화된 최신 방적이라면 권해드릴 만합니다. 반면, 모직은 불모지인 만큼 장래성도 크다고 봅니다. 어차피 이 사장님이 큰 사업을 하실 거라면 새로운 사업을 하시는 게 어떨까 싶습니다. 정부도 적극 후원할 것입니다."

그는 또 세관국장을 지낸 경험을 살려 조언했다.

"모직물의 밀수입이 그치지 않아서 모직을 만들 수 있는 실의 수입 할당량을 크게 늘려도 보았습니다. 그런데 질 좋은 섬유는 나오지 않고 있습니다. 국가적으로도 모직 공장 건설이 시급합니다."

회사 임원들과 이병철은 방직 공장 설립에서 면방적과 모방적, 두 가지 안을 놓고 고민 중이었다.

우리 땅에서 만든 멋

우리나라는 역사적으로 마직(식물에서 뽑아낸 삼실이나 아마실 따위로 짠 천)을 주로 사용해왔다. 조선 시대에 접어들어서 면직 의류를 입었고, 근대 이후에는 면직물의 한 종류인 광목이 일상생활에 깊숙이 자리 잡았다.

회사 임원들은 현재 수요가 많은 면직을 권했다. 반면 이병철은 모직을 마음에 두고 있었다. 당장의 이익을 취할지 아니면 장기적인 안목으로 투자할지가 문제였다. 한국산 모직은 일제 강점기 시절부터 사용해온 구식 기계로 짜낸 것들이 전부였다. 군용 모포 같은 모직은 마카오나 영국 같은 곳에서 들어오는 '서지', '우스티드' 등과 같은 모직과는 품질을 비교할 수조차 없었다.

9월 15일, 이병철은 모직 생산을 하기로 결심을 굳히고 제일모직공업주식회사(현 제일모직)를 창립했다. 소식을 들은 사람들 중 많은 이들이 그를 비웃었다.

"돈 되는 일은 무조건 하겠다는 심산이야."

"설탕 장사가 좀 되니까 세상만사 너무 손쉽게 생각하는구먼."

"400년 전통을 가진 영국산 모직이랑 경쟁이 되겠어?"

이병철은 기업가를 대하는 세상의 이러한 날선 시선이 안타까웠다.

"기업가는 사업을 구상해 실현하고 합리적으로 운영하면서 국가의 발달 단계에 맞게 필요한 것을 하나하나 파악해 새로운 기업을 일으킬 때 기쁨과 보람을 느낍니다. 그 과정에서 느끼는 흥분과 긴장, 보람, 좌절은 기업을 하는 사람만이 알 수 있을 것입니다."

모직 사업에 뛰어들면서 그는 기업가로서 자신의 억울한 심정을 토로했다.

"황무지에 공장이 들어서고 수많은 종업원이 활기에 넘쳐 일하고 제품이 차량에 가득 실려 나가는 모습을 볼 때 기업가는 자신이 살아 있음을 확인합니다. 이런 도전과 의욕이 국가 경제 발전을 위한 초석이 되고 원동력이 되는 것이 아니겠습니까? 그런데 우리 사회의 일각에서는 기업가가 사명감을 가지고 새로운 일에 착수해도 비뚤어진 시각으로 보려고 합니다. 기업가들이 탐욕에 빠져 부도덕한 일을 한다고 헐뜯으며 비판하려 듭니다. 예술가의 사명감과 노력에는 뜨거운 박수를 아끼지 않으면서 기업가에 대해서는 왜 그렇게 인색한지 모르겠습니다."

100퍼센트의 확신

제일모직의 운영을 맡을 임원진으로는 조홍제(효성그룹 창업주), 이창업을 비롯해 제일제당의 경영진들을 대부분 등용했다. 그런데 공장 규모를 두고 이병철은 임원진들과 또 한차례 갈등을 빚었다.

"사장님은 왜 항상 큰 규모로 일을 벌이려 하십니까?"

대부분의 임원은 만일의 경우를 고려해서 우선은 작은 규모로 시작했다가 나중에 규모를 늘려가는 것이 좋겠다고 했다. 그러나 이병철은 대규모 최신식 공장 건설 방침을 고집했다. 어떤 공장이든 단기적으로는 작은 규모가 유리하지만 장기적으로는 처음부터 크게 만드는 쪽이 유리하다고 생각했기 때문이다.

"우리나라 최초의 모직 공장입니다. 최신·최고 수준의 설비를 갖춘 대규모 공장을 세워야 합니다. 그래야 생산 원가를 낮출 수 있고 국제 경쟁 면에서 유리합니다."

"하지만 실패하면요. 실패하면 어쩝니까?"

"어떤 사업이건 실패의 위험은 따릅니다. 그런데 **실패를 두려워하면서 일에 착수하면 주저하고, 전력투구할 수 없습니다.** 100퍼센트 자신이 없으면 애초에 착수하지를 말아야지요. 규모의 문제가 아닙니다. 위험하다고 생각하면 계획 단계에서 그 위험 요소를 제거하면 되지 않겠습니까?"

임원들은 더 이상 할 말을 찾지 못했다.

이병철의 생각은 경영학적인 관점에서는 맞는 말이었지만, 현실적인 벽에 부닥쳤다. 대규모 공장 건설을 위해 미국의 대외 원조국을 찾았다가 한마디에 거절당하고 말았다. 제당 사업에서 이룬 성공을 예로 들어 설득해 보았지만 "제당 공업과 모직 공업은 전혀 다른 사업이며 현재 한국의 자금력과 기술력으로 볼 때 실현 불가능하다"라는 답이 돌아왔다.

그래도 이병철은 포기하지 않았다. 외국 회사들을 직접 찾아가 이야기해보기로 했다. 가장 먼저 찾은 곳은 가까운 일본이었다. 일본은 영국보다는 짧지만 100여 년의 모직 공업 역사를 갖고 있었다. 그런데 일본 회사들의 반응은 예상보다 차가웠다. 이병철이 제일제당을 성공시킨 사실을 알고 있던 그들은 모직 공업 기술을 이전하면 자신들의 강력한 라이벌로 등장할 것이라고 생각하는 듯했다.

낙심하고 있던 이병철에게 희망을 준 사람은 '대일본모직' 기술 담당 임원인 하야시 고헤이였다. 그는 다른 회사들과는 달리 공장 시설 설계도를 순순히 이병철에게 내어주었다. 이 설계도에는 공장 설계뿐 아니라 세부적인 고려 사항 60여 가지도 빼곡하게 기록해놓았다. 꼼꼼하기로는 누구에게도 뒤지지 않는다고 자신하는 이병철도 '이 중 열 개 항목 이상을 만족하지 않으면 결코 좋은 품질의 제품을 기대할 수 없다!'라는 마지막 한 줄에는 혀를 내둘렀다. 이만큼 철저하게 준비하는 회사라면 제일모직이 안고 있는 위험을 대폭 줄여줄 것 같았다. 이병철은 귀국 뒤 바로 정부에 일본 기계 도입을 신청했다.

한국은 다릅니다!

"사장님, 경무대(지금의 청와대)에서 기계 도입에 관한 허가가 났습니다."

"그래요? 잘되었습니다! 그런데 표정이 왜 그럽니까?"

"그게 저… 우리가 신청한 일본 기계 대신 독일제 모직기를 사용하라는 조건이 붙었습니다."

"뭐라고요? 왜 굳이 독일산을…."

당시에는 독일이 자유 진영인 서독과 공산권인 동독으로 분단되어 있던 때로, 독일제란 대개 서독산을 의미했다.

나중에 안 사실이지만, 정부는 외화 손실을 줄이기 위해 직접 공장을 운영하다가 일정 시기가 되면 민간에 맡기려는 기획을 이미 세워두고 있었다. 서독 회사인 '스핀바우'에 기계 주문도 이미 마친 상태였다. 그러니 이병철이 제일모직을 만들어 모직 공장을 열겠다고 나선 일이 정부로서도 무척 반가운 일이었다.

이병철은 하야시 고헤이와의 인연이 조금 아쉽긴 했지만 정부 허가가 났다는 것만으로 위안을 삼았다. 이병철은 스핀바우 기계를 구입하기로 하고 미국 대외 원조국을 통해 필요한 60만 달러를 융통했다. 이 거래는 우리나라와 독일 사이의 민간 무역 제1호를 기록했다.

"사장님, 설계도가 도착했습니다."

서유럽으로 파견한 부사장 조홍제가 모직물 업계 시찰을 마치고 귀국한 지 두 달 후에 독일의 최고 권위자가 설계한 설계도가 도착했다. 기대에 부풀어 설계도를 살피던 이병철은 이상한 점을 발견했다.

"설계도상의 입지와 기상 등 여러 조건이 우리나라 실정과는 맞지 않아요. 즉시 수정해 달라고 요청하십시오."

"그럴 리가요. 독일 최고 권위자가 그린 설계도입니다."

"그래도 우리와는 맞지 않습니다. 이것을 보세요."

이병철은 그 자리에서 몇 가지를 지적해 보였다. 그는 아무리 앞선 기술을 가진 나라의 것이라 해도 외국 설비를 도입할 때에는 모든 것을 의심하고 스스로 검증했다.

한편 미국이나 독일 등 선진국들은 공장 건설을 돕고는 있었지만, 한국인

프로젝트 2

의 능력을 의심하고 은근히 얕보기까지 했다. 한번은 이런 일도 있었다. 미국 대사관의 주선으로 미국의 모직기 회사인 '화이팅' 임원이 이병철을 찾아왔다. 그는 대뜸 이병철에게 나무라듯 말을 건넸다.

"당신은 미국 돈으로 왜 유럽 기계를 구입하는 것입니까? 아시다시피 우리 화이팅 기계는 성능이 아주 우수합니다."

당황스러운 질문이었지만 이병철은 침착하게 대꾸했다.

"물론 화이팅 기계가 우수하다는 점은 익히 들어 알고 있습니다. 화이팅 기계는 같은 디자인의 제품을 대량으로 생산하는 데에 적합하고 뛰어나지요. 하지만 우리는 다양한 디자인, 고품질의 제품을 소량 생산해내는 것을 목표로 하고 있습니다. 우리 목적에는 독일 기계가 적합하다고 생각합니다."

"고품질의 다양한 디자인이요?"

되묻는 그의 목소리에 비웃음이 묻어났다. 불쾌했다. 며칠 뒤 화이팅 임원이 다시 찾아왔다. 이번에는 기술자 문제를 들고 나왔다.

"우리 회사는 지난 50년간 동남아시아, 라틴아메리카 등 세계 여러 나라에 모직기를 판매해왔습니다. 예순 개 이상의 공장을 세워 모두 성공했습니다. 처음이라 모르시는 것 같은데 모직물 생산에는 적어도 스물네 개 분야의 기술자가 필요합니다. 반드시 우리의 도움을 받아야 합니다."

"기계 조립이나 설치를 포함해서 공장 건설은 모두 우리가 직접 할 생각입니다."

"직접이요? 한국 기술로? 의지는 대단합니다만 당신이 세운 공장이 3년 안에 제대로 된 제품을 만들어낸다면 내가 하늘을 날아보겠소."

우리 땅에서 만든 멋 **45**

그는 무례하게도 손까지 휘저어 보였다. 이병철은 화를 낼 법도 했지만 평정심을 유지했다.

'화낼 줄 모르는 자는 어리석다. 그러나 화낼 줄 알면서도 참는 자는 현명하다.'

오랜만에 떠올려보는 말이었다.

"제당 공장을 지을 때에 일본인들이 비슷한 말을 한 적이 있지요. 하지만 우리는 잘해냈습니다."

이제 그만 포기할 법도 하건만 화이팅 임원은 참 끈질긴 사람이었다. 며칠 뒤 다시 사무실에 찾아왔다. 이병철이 이번엔 서랍 속에서 무언가를 꺼내어 임원 앞에 내밀었다.

"이게 뭡니까?"

그것은 이병철이 모직 공장 건설에 필수적이라고 생각하는 온도, 습도, 전력, 노동력, 교통, 용수, 수질, 종업원의 기술 지도 및 훈련 등 마흔여덟 개 항목의 문제점과 대응책을 메모해둔 것이었다. 이병철은 말수는 적은 대신 메모하는 습관이 몸에 배어 있었다. 잠자기 전에도, 차 안에서도 아이디어가 떠오를 때마다 메모를 해두었다. 그의 메모를 살펴본 화이팅 임원은 큰 충격을 받았다. 아마도 이병철이 일전에 대일본모직 기술 담당 임원인 하야시 고헤이의 설계도를 보고 받았던 충격만큼 컸을 것이다. 그는 다시는 무례하게도, 귀찮게 굴지도 않았다.

스핀바우에서 파견한 직원도 우리나라 기술 수준을 100퍼센트 믿지 못하기는 마찬가지였다.

프로젝트 2

공사 현장 책임자가 우리나라에 왔는데, 완성된 기계를 설치하는 데에 예순 명의 독일인 기술자, 1년의 공사 기간이 필요하다고 못을 박았다. 1년 인건비를 계산해보면 약 30만 달러 정도였다.

'그만한 돈이면 웬만한 공장 하나쯤은 더 세울 수 있어. 우리 손으로 완성할 수 있는 일이라면 굳이 그렇게 돈을 낭비할 필요가 없다.'

이병철은 국내 기술력으로도 이 정도의 기계 조립과 설치는 모두 가능하므로 독일인 기술자는 핵심 부문의 몇 사람이면 될 거라고 강조했다. 독일 공사 책임자는 정색을 했다.

"제가 부풀려 이야기하는 게 아닙니다. 우리는 지금까지 세계 각국에서 많은 경험과 실적을 쌓아왔습니다. 최근에도 인도와 터키에서 이곳과 비슷한 공장을 건설했는데, 두 공장 모두 예순 명의 기술자가 1년 넘게 공사했습니다."

"우리나라는 인도와 터키와는 사정이 다릅니다. 우리나라에는 유능한 기술자가 많습니다. 제사(고치나 솜 따위로 실을 만듦), 염색, 가공, 공조 분야의 핵심 기술자 네 명만 파견해주면 1년 안에 공장을 지어 보이겠습니다."

"그럼 좋습니다. 공장을 완성하고 나서 제대로 된 제품이 나오지 않아도 우리는 어떤 책임도 지지 않겠습니다."

독일 공사 책임자는 이병철의 태도가 워낙 완고하니 제안을 받아들이기는 했지만, 눈으로는 이렇게 말하고 있었다.

'한국이 다르면 얼마나 다른지 한번 두고 봅시다. 곧 후회할 것입니다.'

꿈꾸는 옷감

꿈의 공장

이병철은 대구시 북부 침산동에 위치한 공장 건설 현장을 거의 매일같이 찾았다. 호언장담했으니 직접 현장도 살펴야 했다.

모직 공장은 입지 조건이 까다로웠다. 무엇보다 기온·습도·수질이 중요한 조건이었는데, 대구는 사계절의 기온 차가 유난히 심한 지역이었다. 시공 과정에 들어가면서부터 공장 안의 온도와 습도를 세심하게 신경 써야 했다.

"여러분, 양복지를 우리 손으로 만들어내는 날을 한번 상상해보십시오. 더 이상 외화를 낭비할 필요가 없습니다. 여러분 손으로 그런 역사를 만들고 있는 것입니다. 공장을 제대로 만들지 못하면 우리나라 기술자의 체면이 땅에 떨어집니다. 여러분, 한국인의 긍지를 가지고 일합시다."

이병철은 직원들을 격려하는 한편, 경영진에게 기숙사 환경을 최상급으로 갖추라는 특별 지시를 내렸다. 공장이 가동하면 1,000명이 넘는 여직원들이 기숙사에 머물 예정이었다. 이병철은 기숙사에 스팀 난방을 설치하고 목욕실, 세탁실, 다리미실, 휴게실 등의 최고급 부대시설도 만들도록 지시했다. 복도에는 회나무를 깔아서 자연 친화적인 느낌이 나도록 배려했다. 공장 곳곳에 좋은 나무를 사다 심었고, 연못과 분수까지 마련했다. 공장이라고 해서 삭막하게 만들고 싶지 않았다. 이병철은 '정원 공장'을 만들 생각이었다. 나중에 기숙사가 완성되자 사람들이 모직 공장을 '제일 공원'이라고 불렀다.

일부 임원들은 쓸데없는 곳에 돈을 쓴다며 투덜대기도 했다. 하루는 전무로 있던 이창업이 이병철에게 한마디 했다.

"공장도 완공하기 전에 기숙사부터 짓고 정원까지 꾸미는 것을 보고 사람들이 뭐라고들 합니다."

"그래요? 나는 우리가 여직원들에게 단순히 일자리만 제공하면 된다고 생각하지 않아요. 여직원들이 기숙사 생활을 통해 교양을 높이고 정서도 함양해서 마음껏 삶을 즐길 수 있게 해주어야 합니다."

"최신식 기숙사면 충분한데, 정원을 만들고 꽃까지 심어야 했을까요? 사람들이 사치고 낭비라고 말합니다."

"그렇게 생각할 수도 있지…. 그런데 말입니다. 여직원들이 먹고 잘 자리만 제공하는 것으로는 부족해요. 일하는 환경이 나쁘면 작업에도 싫증이 나기 쉽습니다. 공장 생활이라는 것이 어찌 보면 아주 단조롭지요. 자칫하면 여직원들의 정서가 메마르고 정신 건강도 좋지 않을 텐데…. 이 전무라면 그런 회사에 딸을 보내고 싶겠습니까?"

"그래도 이건 자선 사업이 아니지 않습니까?"

"나도 자선 사업가는 아닙니다. 노동력이 저하되거나 직장을 이탈하는 사람이 생길 경우엔 결국 손해를 보는 건 회사입니다. 누구나 즐거운 마음으로 웃으면서 일할 수 있을 때 작업 능률도 오르고 직장에 대한 애착도 생깁니다."

"그 비용이 자그마치 3만 환입니다. 사원 기숙사에 이런 거금을 투자하는 사람은 없습니다."

이창업도 지지 않았다.

"돈이 들긴 하지만, 긴 안목으로 본다면 그게 다 사회에 대한 봉사가 되는 겁니다. 여직원들의 능률이 오르면 그만큼 생산비가 저렴해지고, 따라서 제품의 생산 원가도 낮아질 것이 아니겠어요?"

이병철은 고집을 꺾지 않았다. 이렇게 하여 공장 건물 중 가장 먼저 완공한 것도 진심(眞心), 선심(善心), 숙심(淑心)이라는 이름의 여직원 기숙사였다.

이병철은 모직같이 고가의 제품을 만드는 사람은 대우도 최고로 해주어야 한다는 신념이 있었다. 여기에는 그가 와세다 대학교 시절 읽었던 《여공애사》라는 책이 준 영향도 한몫을 했다. 이 책은 새벽 3시 반부터 오후 6시까지 가혹한 노동, 형편없는 식사와 잠자리에 시달리다 폐병에 걸려 세상을 떠난 공장 직공의 일상을 그렸다. 이 책을 쓴 작가도 열네 살부터 공장에서 일하다 책이 출간되던 1925년에 스물여덟이라는 젊은 나이에 생을 마감했다.

프로젝트 2

이병철은 이 책을 읽으면서 상당한 충격을 받았고 자신이 기업가가 되면 여공들이 그런 비참한 환경에 놓이지 않도록 하겠다고 다짐했다.

국내 최고의 기숙사 시설에 봉급도 최고 대우! 제일모직은 국산 양복지를 만들어 보이겠다는 이병철뿐 아니라 대한민국 여공들에게도 꿈의 공장이었다. 신문에 여공 모집 공고가 나면 공장 앞은 그야말로 인산인해를 이루었다. 가족들이 면회를 오면 기념 촬영을 할 수 있도록 전속 사진사까지 따로 둔 자상한 회사에 가족들은 믿음을 갖고 딸들을 맡겼다. 생산직 일손이 부족한 사회 실정이었지만 제일모직 입사는 10대 1의 높은 경쟁률을 보였다. 그렇게 높은 경쟁률을 뚫고 입사한 직원들은 웬만해서는 그만두는 일이 없었다.

골덴텍스의 탄생

이병철의 열의와 공장장인 김재명이 이끄는 3교대 철야 작업의 결과로 공사를 빠르게 마무리하여 제일제당처럼 6개월 만에 준공할 수 있었다. 독일에서 온 기술자들도 "한국인을 다시 보았다"라는 찬사와 함께 진심으로 기뻐해주었다.

1956년 5월 2일, 시범 생산을 시작했다. 이병철은 초췌했다. 몇 개월 동안 동분서주한 탓에 7킬로그램이나 몸무게가 줄어들었다. 하지만 정신은 그 어느 때보다 맑았다.

'과연 어떤 원단이 나올까?'

손끝 촉각에 집중하며 이병철은 모직을 만져보았다. 원단의 품질은 예상했던 것보다 훨씬 좋았다. 지금까지 우리나라에서 만든 원단 중 최고였다. 그러나….

"겉보기엔 흠잡을 데가 없군요. 훌륭합니다. 하지만 왠지 무르고 축 처지는 느낌이 드는 이유는 뭐지요?"

이병철의 날카로운 지적에 독일 기술자는 고개만 수그리고 있었다.

'처음부터 영국제보다 잘 만들 수 있을 거란 기대는 하지 않았다. 그래도 내 생각과는 너무나 차이가 난다. 원인이 뭘까?'

순간 제일제당 기계를 시운전했을 때의 경험이 떠올랐다. 이병철이 말했다.

"원인은 가까운 곳에 있을지도 모릅니다. 혹시 좀 더 강하게 압착시킬 수 있습니까?"

점검 결과 예상대로 마지막 공정인 압착 작업이 제대로 이뤄지지 않았기 때문이었다. 그 부분을 수정하자 처음보다 훨씬 좋은 원단이 만들어졌다.

"자, 모두들 이리 나와서 만져보고 품평을 해주시오."

이병철은 이날 자신이 가진 옷 중에서도 가장 질이 좋은, 영국산 양복지로 만든 옷을 입고 왔다. 직원들에게 이 정도 품질을 만들어내자는 뜻을 전하기 위해서였다. 직원들은 품평을 하면서 이병철의 옷도 한 번씩 쳐다보았다. 경영진도 생산직 직원도 영국산처럼 좋은 품질의 옷감을 만들어내고 싶다는 마음을 가졌다. 이병철식 살아 있는 현장 교육이었다.

프로젝트 2

옷감을 만져보고 난 사람들은 같은 생각을 했다. 영국산에는 미치지는 못하지만 국산품 중에서는 최고였다. 제일모직이 만들어낸 이 제품의 이름은 바로 '골덴텍스'!

이병철은 골덴텍스를 시장에 내놓기까지 철두철미하게 계획을 세웠다. 과연 이 소재로 옷이 잘 나올지 확인하기 위해서 직접 양복점을 냈다. 서울 을지로에 있던 제일모직 사옥 1층에 '장미라사' 간판이 걸렸다. 이병철이 좋아하는 꽃인 '장미'에 유럽의 양복지를 뜻하는 '라사'라는 말을 합친 것이었

꿈꾸는 옷감 53

다. 이런 철저한 준비 끝에 제일모직은 한 해 약 50만 벌의 양복지를 생산해 냈다.

제품을 출시하고 얼마 뒤, 임원 회의의 분위기는 찬물을 끼얹은 듯했다.

"생각보다 판매가 부진합니다."

당시 골덴텍스의 양복 한 벌 감은 1만 2,000원 안팎이었다. 6만 원이 넘는 마카오 양복지의 5분의 1 가격에 지나지 않는, 엄청나게 싼 가격이었다. 골덴텍스의 품질은 결코 마카오 양복지에 뒤떨어지지 않는 수준이었다. 이렇게 좋은 품질에도 불구하고 '국산품보다는 역시 외제'라는 사람들의 인식은 쉽게 변하지 않았다. 모두 머리를 짜내어 이 어려움을 이겨낼 방법을 고심했다.

며칠 뒤, "외래품을 능가하는 골덴텍스 양복지"라는 광고 문구가 신문에 등장했다.

"외제를 능가하는 제품이라고?"

광고를 본 사람들이 처음에는 코웃음을 쳤다. 그러나 차츰 골덴텍스에 대해 궁금증을 가졌다.

이 무렵 이병철은 일부러 골덴텍스로 만든 양복만 입고 다녔다.

"역시 사장님이 입는 영국제는 다르군요."

"양복감을 만드신다더니 왜 사장님은 영국산을 입습니까?"

이병철과 만나는 정부의 고급 관리와 재계 인사는 소문난 마카오 신사인 그가 여전히 영국제 순모로 만든 양복을 입고 다닌다고 생각했다. 그래서 이런 이야기를 듣는 일이 많았다.

프로젝트 2

"고맙습니다. 우리 골덴텍스가 영국제만큼 좋다는 이야기로 알아듣겠습니다."

이병철이 빙그레 웃으며 양복 안쪽에 적힌 'MADE IN KOREA' 문구를 보여주었다. 이토록 훌륭한 품질의 옷감이 바로 제일모직 양복지라는 걸 알렸다. 직원들도 스스로 광고 모델이 되어 적극적으로 홍보전을 펼쳤다.

그러나 제일모직 골덴텍스는 첫해에 5억 환이나 적자를 보았다.

"사람들의 인식만 탓해서는 안 됩니다. 영국산보다 잘 만드는 것이 결국 우리가 살 길입니다."

이병철은 계속해서 골덴텍스 홍보에 힘을 기울이는 한편 품질 향상에 주력했다. 품질이 나아지지 않는 이유는 크게 두 가지였다. 먼저 모직물의 품질을 70퍼센트 이상 좌우하는 좋은 원료의 매입이 어려웠다. 국내 자원이 없으니 모두 해외에서 구해와야 했는데 샘플을 믿고 구입해보면 도착한 원료들은 샘플만 못했다. 두 번째 이유는 빈번한 기계 고장이었다. 모직기는 정밀한 기계라서 고장이 자주 났는데 작은 고장이 발생해도 부품을 국내에서 조달할 수 없어 애를 먹었다.

이병철과 전 사원이 나서 이런 문제를 하나씩 해결해나갔다. 또 품질 개선, 제조 기술 향상을 위해 해외 기술자를 초빙했다. 우수한 기술을 위해서는 아무리 많은 돈이 들어도 아끼지 않았다. 동시에 독일을 비롯한 서유럽으로 많은 연수생들을 보냈다.

이병철과 제일모직 직원들의 이런 노력이 결실을 보였다. 처음에는 잘 팔리지 않았던 골덴텍스가 차츰 외국산에 비해 손색이 없다는 평판을 얻었고 판매량이 늘어갔다. 혼수품으로도 골덴텍스가 인기를 끌었다. 얼마나 잘 팔리던지 골덴텍스의 상표를 도용한 상품이 시중에 유통될 정도였다. 골덴텍스가 잘 팔리자 '경남모직', '한국모방', '대한모방' 등 새로운 양복지 회사가 생겨났다. 드디어 우리나라에도 모방직, 섬유 산업의 시대가 열린 것이다. 그중에서도 골덴텍스는 시장의 70퍼센트를 점유하여 제일모직은 우리나라 섬유 산업을 선도하는 회사가 되었다. 제일모직은 마침내 우리 땅에서 외제 양복지를 몰아내고 국민 의복 생활에 새바람을 불어넣었으며, 국가적으로 연간 250만 달러에 달하는 거액의 외화를 절약할 수 있었다.

국산화를 통한 완전 자급이 가능하다는 판단이 서자 정부는 1958년 1월 모방의 외국산 수입을 대대적으로 금지했다. 수입 품목을 책정하는 과정에서 연간 소비량이 600만 파운드에 달하는 외제 모방으로 인해 막대한 외화를 유출했기 때문이다. 이병철은 제일제당과 제일모직의 성공으로 전국 납세액의 4퍼센트를 내는 우리나라 최고의 부자가 되었다.

이병철은 평생을 두고 제일제당과 제일모직을 자랑스러워했다. 엄청난 수익을 걷었기 때문이 아니라 우리나라 경제 성장을 이끌었기 때문이었다.

새로운 삶을 만드는 곳

최고의 시설을 자랑하는 꿈의 공장, 제일모직에는 정부 관계자들과 해외 귀빈들도 찾아왔다. 대통령 이승만도 공장이 설립되었을 때 제일모직을 방문했다. 이승만은 이병철의 아버지와 친분이 있었고, 평소에도 아들 같은 이병철의 기업가 자질을 높이 샀다. 그는 시설을 둘러보고는 깊이 감동했다.

"이런 멋진 공장을 세워주어서 고맙네. 국민들이 이제 더 이상 수입 모직에 의존하지 않아도 되겠어. 이것이야말로 애국이야."

그리고 제일모직의 성공을 기원하며 휘호를 직접 적어주었다.

'의피창생(依被蒼生, 옷이 새로운 삶을 만든다는 뜻)'

이승만 대통령의 휘호대로 제일모직은 이병철과 삼성그룹, 한국의 산업계, 나아가서 세계 산업계에 새로운 풍경을 만들어냈다. 모직의 원조국인 런던에 골덴텍스를 수출하기도 했고 1970년대 섬유 업계에서 수출을 주도했다. 섬유 산업이 어려움에 처한 1980년대에 패션 산업의 문을 연 것도 제일모직이었다. 갤럭시 등 유명 브랜드를 만들어 국내 1위 패션 업체로 자리매김했고 여기에 만족하지 않고 세계 1위 기업이 되겠다는 목표로 화학 소재 산업과 전자 소재 산업에 뛰어들었다.

현재 제일모직은 사람이 입는 옷을 넘어 전자 제품이 입는 옷까지 만들고 있다. 전문 용어로는 '하우징(housing)'이라고 부른다. 최근 매출액만 보면 현재 하우징, 전자 소재 분야가 의복류보다 오히려 더 큰 비중을 차지하고 있다.

마카오 양복지를 몰아내고 영국 양복지를 이겨보겠다는 목표로 시작했던 이병철의 기술 개발! 이제는 삼성전자의 제품과 만나 세계인의 마음을 사로잡고 있다. 더 선명한 색상, 잘빠진 디자인을 가진 최첨단 소재를 만들어내고 있다. 그야말로 옷이 새로운 세상을 열었다.

이병철의
성공법칙
❷

적자생존? 적는 자 생존!

작곡가 슈베르트도 때로 식당의 식권이나 입고 있던 옷에 떠오른 악상을 적었다. 발명가 에디슨은 무려 3,200여 권이나 되는 공책을 남겼다.

이병철 할아버지도 메모광이었다.

"일단 적어라, 적다보면 큰 그림이 눈에 들어온다"라고 말하곤 했다. 그는 아침에 일어나서 씻고 나면 언제나 그날 할 일을 수첩에 적어두었다. 또 틈나는 대로 메모했다. 이런 태도는 제일모직 공장을 건설할 때 만난 화이팅사의 임원을 놀라게 했을 정도였다.

"공신(공부의 신)들의 노트 정리법"이라는 광고 문구도 있다. 한창 공부하는 시기에 있는 여러분에게 메모는 아주 익숙하고 또 절실한 문제이니 그 중요성에 대해서도 이미 잘 알고 있을 것이다. 그런데 그것은 학창 시절에만 국한된 문제가 아니다. 메모하는 습관은 성공의 기초이다.

그럼 언제 메모를 할까? 빌 클린턴 전 미국 대통령은 잠들기 전에 그날 만난 사람들의 명단을 카드에 적고 모임과 관련된 중요한 정보들을 메모한다고 한다. 이렇듯 하루 중 가장 메모하기 편한 시간을 정해놓고 규칙적으로 메모하는 습관을 들이자. 그리고 나만의 방식대로 수시로 아이디어를 빠르게 메모하는 연습도 해보자. '적는 자 생존'의 시대이기 때문이다.

영원한 꿈과
미래를 위하여

사람이 기업을 하는 동기에는 여러 가지가 있을 수 있다.
그중에는 금전욕을 뛰어 넘는 창조적 충동이라고 할만한,
무엇이든 값어치 있는 것을 누구보다도 먼저 앞장서서
만들어내고자 하는 본능과 이에 따르려는 의욕이 있는데
우리는 이것을 과소평가하거나 무시하려는 경향이 있다.
진정한 의미의 기업가 정신이란 바로 이런 본능과
사회적 책임감이 잘 화합하여 우러나오는 것이라고 믿는다.
아무리 돈을 많이 번다 해도 언젠가는 나도 세상에 잊히고 만다.
그러나 만약에 언제까지나 남을 자랑스러운 사업을 이룩한다면
내가 죽은 다음에라도 사업은 남는다.

프로젝트 3

비 내리던 날들

돈병철의 수난시대

"어머, 얘 봐라. 왜 이리 용돈을 함부로 써! 네가 돈병철인 줄 아니?"

돈병철! 사람들은 이병철에게 또 하나의 별명을 붙였다. 제일제당과 제일모직의 성공은 이병철에게 엄청난 부를 가져다주었다. 또 그는 1957년 네 개의 시중은행 중 '한국흥업은행'과 '조흥은행'을 샀다. '호남비료', '한국타이어', '삼성시멘트' 등의 주식도 사들여 대주주가 되었다. 한국 제일의 기업가가 된 것이었다.

이제 겨우 50세를 바라보는 나이에 나라 제일의 부자가 되었으니 이제 그만 만족할 법도 했다. 하지만 이병철은 생각이 달랐다. 돈이 성공의 기준이 아니었기 때문이었다. 그리고 '국내 제일'은 그에게 별 의미가 없었다.

'삼성물산, 제일모직, 제일제당이 우리나라에서는 큰 존재임에는 틀림없다. 하지만 선진국과 비교해보면 그저 중소기업 수준에 불과해. 자본을 축적해서 차례차례 새로운 기업을 일으켜서 선진국의 기업들과 당당히 어깨를 나란히 하게 하는 것이 내가 할 일이야.'

그는 세계 제일의 기업을 꿈꾸었다. 그러나 세상은 그의 뜻을 몰라주고 그를 벼랑으로 몰아갔다. 혼란한 정치 상황이 원인이었다.

1960년 4월 19일. 학생들이 반부정·반정부 항쟁을 펼친 4·19혁명이 일어났다. 그리고 이승만 대통령이 하야했다. 정부가 바뀌고 부정을 척결하겠다는 움직임 속에서 이병철은 그만 부정한 방법으로 부를 축적했다는 '부정 축재자'의 낙인이 찍혔다.

"그동안 세금을 빼돌려 모은 재산이 얼마나 됩니까?"

삼성 산하의 열다섯 개 기업체가 모두 탈세를 했다는 혐의로 출두한 검찰의 취조실. 분위기는 험악하기만 했다. 검사들의 태도는 고압적이었고 모든 죄를 다 알고 있으니 무조건 인정하라는 듯한 태도였다.

"글쎄요. 아직 계산해보지 못해 잘 모르겠습니다."

부장검사는 순간 묘한 웃음을 지었다. 보통은 그렇게 물으면 절대 아니라는 답이 나오기 마련인데 이병철은 의외의 반응을 보였기 때문이었다.

"좋소. 그럼 다시 묻지요. 왜 탈세를 했습니까?"

"우리나라는 경제 상황이 많이 변했는데도 전쟁 직후 세금을 보충하기 위해 만들었던 세금 제도가 아직도 이어지고 있습니다. 꼼꼼하게 따져보면 법 자체가 잘못되어 있는데 그런 불합리한 세금 제도의 문제는 덮어놓고 기업하는 사람들을 부정 축재자로 몰아 벌을 주려고 하십니까? 처벌에 앞서서 세금 제도를 개정하는 일이 순서에 맞는 일이라고 생각합니다."

프로젝트 3

전쟁에서 이기려면 나라에서는 돈이 필요했고, 이를 위해서 세금을 많이 걷을 수 있는 세금 제도를 만들었다. 하지만 전쟁이 끝나지 않았는가. 그런데도 세금 제도는 바뀌지 않았다. 1,000환을 벌면 1,200환을 세금으로 내는 경우도 있었다. 때문에 정부에서도 세법 개정안을 국회에 제출했던 차였다.

"이래서는 누구도 기업을 운영할 수가 없습니다."

"그러니까 탈세를 하는 걸 사장님도 알고 있었단 말이죠?"

부장검사는 진술의 내용은 별로 중요하게 생각하는 것 같지 않았다. 이병철은 속에서 뜨거운 화가 치밀어 올랐다.

"당연합니다. 사장도 모르게 어떻게 탈세를 합니까?"

언성은 높이지 않았지만 그의 말과 눈빛이 부장검사에게 칼처럼 꽂혔다. 팽팽한 정적이 흘렀다.

"하하하!"

정적을 깬 것은 부장검사의 신경질적인 웃음이었다.

"삼성 직원들은 모두 사장님을 닮았군요! 우리가 삼성 임직원을 죄다 조사 중인데 서로 자기가 탈세를 했다고 우기고 있으니, 참 나, 이 사장님이 훈련을 아주 잘 시킨 모양입니다."

직원들은 대질 심문을 하겠다고 해도 눈 하나 깜짝하지 않고 다들 자신들이 혼자서 한 일이라고 우겨댔던 것이다. 이병철은 직원들에게 고마웠다. 그리고 다시 한 번 큰 책임감을 느꼈다. 삼성은 자신만의 회사가 아니라는 점을 통감했다.

정부는 삼성에게 추징금으로 50억 환을 내라고 했다.

"이대로 가만히 계셔서는 안 됩니다. 그 어마어마한 돈을 내고 나면 삼성은 살아도 산 것이 아닙니다."

"돈을 낸다는 건 우리가 잘못했다는 걸 시인하는 꼴입니다."

직원들이 더 울분을 토해냈다. 이병철이라고 어떻게 분하지 않았을까. 그는 잠도 오지 않았다.

'지난 12년 동안 어떻게 키워온 기업인가!'

사실 당시 경제인들은 안팎으로 많은 고민을 안고 있었다. 기업을 운영하는 일 외에도 비리 정치인에게서 뇌물을 요구당하는 일이 비일비재했다. 기업인들 중에도 분명히 그것을 기회로 부를 축적하는 사람들이 있었다. 하지만 이병철은 나름 소신과 원칙을 지켜가며 기업을 운영했다고 자부했다. 그런데 세상은 자신을 믿어주지 않았다.

'시인하면 평생을 부정 축재자의 꼬리표가 따라다닐 것이다. 그러나 잘못이 없으니 돈을 내지 못하겠다고 버티면 회사도 직원들도 모두 위태롭다.'

그는 한국전쟁 당시 삼성물산공사를 공산주의자들에게 빼앗겼을 때를 떠올렸다. 사장인 그는 악덕 부르주아지(Bourgeoisie, 자본가 계급)로 내몰려 취조를 받고 모든 재산을 빼앗겼다. 창고에 있던 물자들은 압수되었다. 간신히 가족들과 목숨을 건져 부산으로 피난을 갔고 그곳에서 재기했다. 그때도 지금도 날개를 달았는가 싶은 순간마다 날개를 꺾이니 기가 막힐 노릇이었다.

'정치 상황에 따라 어제는 영웅이 되었다가 오늘은 죄인이 되고…. 경제란 정치에 휘둘릴 수밖에 없구나.'

프로젝트 3

　그는 숙고 끝에 추징금을 내기로 했다. 버티는 건 회사에 좋은 일이 아니었다. 또 나아가서는 국가 경제를 위험에 빠뜨리는 일이 될 수도 있었기 때문이다.
　"정부의 요구에 무리가 있더라도 따릅시다. 해방 후 오늘에 이르기까지 매점매석하고 정치권력과 결탁해서 졸부가 된 사람도 있고, 은행 돈으로 쉽게 사업을 하여 기업은 파산 직전에 있으면서도 애국하는 기업가인 척하는 사람도 있습니다. 하지만 우리는 그런 기업과 달리 경제성과 경쟁력을 바탕으로 기업을 일으켜 운영해왔습니다. 그런데 지금처럼 혼란한 시기에 쉽게 동요해 우리가 지켜온 큰 것을 잃어버리면 국가를 위하는 길이 아닙니다. 추징금을 냅시다."
　거듭되는 회의 끝에 임원진을 설득했다. 어려운 결정이었다. 그런데 이병철의 수난은 그것으로도 끝나지 않았다. 5·16 군사정변이 일어난 것이었다. '부정 척결'을 명분으로 내세운 군부는 다시 한 번 이병철을 부정 축재자로 지목했다.
　그때 이병철은 일본에 머물고 있었는데, 이 소식을 듣고 가슴이 답답했다. 조홍제 부사장이 붙들려갔다는 소식도 날아왔다. 나라 밖에서 편히 있는 자신 대신 고초를 당하고 있는 직원들에 대한 죄책감이 밀려왔다. 그는 정변의 중심 세력인 국가재건최고회의 앞으로 편지를 보냈다.
　"부정 축재자를 처벌한다는 혁명 정부의 방침 그 자체에는 이의가 없습니다. 그러나 백해무익한 악덕 기업인과 국가 운영을 뒷받침해온 건실한 기업인은 엄격히 구별해야 합니다. 그들은 변칙적이고 불합리한 세금 제도 아래에서도 국가 경제를 다시 일으키는 데에 기여하면서 국민에게 일자리를 제공해 생활을 안정시키고 세금을 내왔습니다. 제가 염려하는 바는 오직 오늘날 혼란의 근본 원인이 국민들의 빈곤에 있는데, 그것을 해결하는 대안은 없다는 것입니다. 경제인을 처벌해서 경제 활동이 위축된다면 빈곤 추방이라는 목적을 달성할 수 없습니다. 이것은 나를 비롯한 많은 기업인들이 처벌받는 것을 모면하기 위한 궤변이 결코 아닙니다. 나는 전 재산을 헌납하는 한이 있어도 그것이 국민의 빈곤을 해결한다면 기꺼이 그렇게 하겠습니다."

편지 내용은 곧 신문에 공개되었다.

"재산을 헌납한다니. 혹시 강요당한 것 아닙니까?"

일본 언론 관계자들이 이병철의 숙소 앞에 북새통을 이루었다. 이병철은 기자 회견에서 의연하게 자신의 뜻을 밝혔다.

"타의가 아닌 내 본의에서 한 이야기입니다. 가난을 극복하기 위해서 내 전 재산을 국가에 헌납할 마음이 있습니다. 귀국하는 대로 이에 필요한 절차를 밟고 정부의 조치를 기다릴 것입니다."

그는 모든 것을 다시 원점에서 시작하면 된다고 생각했다. 한국전쟁 직후에도 그러했듯이.

이병철은 귀국을 서둘렀다.

첫 만남

일본에서 귀국한 이병철은 당시 박정희 부의장(5·16군사정변 후 대통령에 취임)을 처음으로 만났다. 그는 이병철에게 부정 축재자로 지목된 열한 명의 처벌에 대해 의견을 물었다. 이병철은 자신이 가장 큰 부정 축재자로 거론된 마당에 그렇게 묻는 박정희의 의도를 정확히 알 수 없었다. 그래도 호흡을 가다듬고 소신껏 말했다.

"부정 축재자로 지목된 기업인들은 사실 아무런 잘못이 없다고 생각합니다."

"그래요?"

검은 안경을 쓰고 있어 박정희의 표정을 읽을 수 없었다. 예전에 탈세 혐의로 취조를 받을 때 했던 말을 다시 들려주자, 그는 고개를 끄덕여 보였다.

"모두 똑같은 조건하에서 기업을 운영했는데 재계 11위 안에 드는 사람만 부정 축재를 했다고 할 수 있습니까? 12위 이하 기업들도 역량이나 노력, 기회가 없어서 11위 안에 들지 못했을 뿐이지 부정 축재를 했을 가능성은 마찬가지입니다. 그러니 어떤 선을 그어 '죄가 있다, 없다'라고 하면 안 되지요. 기업을 잘 운영해서 키워온 사람은 부정 축재자로 몰려 처벌 대상이 되고 원조 달러나 은행 융자를 받아서 낭비한 사람은 죄가 없다고 한다면 자유 경제 원칙에도 어긋납니다. 부정 축재자 처벌에 어떤 정치적 의미가 있는지 잘 모르겠지만, 기업가로서 제 의견은 그렇습니다."

"그렇다면 어떻게 하는 것이 좋겠습니까?"

"기업하는 사람들을 무조건 탄압하면 경제 위축이 심해집니다. 또 세금이 줄어 나라 살림도 어려워질 것입니다. 그러니 기업인들이 나라의 경제를 살리는 일을 도맡아 하도록 해주십시오. 기업인에게도 나라에도 이익이 될 것입니다."

"국민들이 과연 납득할 수 있다고 생각합니까?"

못마땅해서 하는 말이 아니었다. 박정희는 진지하게 고민하고 있는 목소리였다.

"아시다시피 저는 회사를 경영하는 사람이지 정치가가 아닙니다. 그런 일은 정치가가 알아서 할 일이 아니겠습니까?"

박정희의 얼굴에 미소가 잠시 비쳤다.

"우리 다음에 다시 한 번 꼭 만납시다."

이후 국가재건최고회의는 스물일곱 개 기업에 378억 800만 환을 벌과금으로 추징했다. 삼성은 그중 103억 400만 환을 내야 했다. 삼성은 다시 한 번 태풍을 정면으로 맞닥뜨린 셈이었다. 그런데 정계는 이병철에게 뜻밖의 제안을 해왔다.

"지난번 국가재건최고회의에 제안했던 내용을 실현시키려면 정계와 경제계를 중재하는 역할이 필요합니다. 그 역할을 좀 맡아주기 바랍니다."

"저는 공직에 맞지 않습니다."

거듭 사양했지만 경제계에서도 그의 도움을 필요로 했다.

"누군가가 나서 흩어져 있는 경제인들의 힘을 하나로 모아야 합니다."

주변 기업인들의 권유로 결국 이병철은 한국경제인협회의 초대 회장으로 취임하였다. 그의 인생에 있어서 처음이자 마지막 공직이었다.

장보고와 이병철

1961년 8월, 한국경제인협회 회의장.

"경제인 및 경제 각 부문 간의 연결을 도모하며 주요 산업의 개발과 국제 경제 교류를 촉진함으로써 건전한 국민 경제의 발전에 기여함을 목적으로 한다."

마이크 앞에 선 이병철은 엄숙하게 정관을 읽어 내려갔다. 한국경제인협회는 재계의 본산이라고 부르는 전국경제인연합회의 전신이다. 회의장 안 회원들의 표정에는 기사회생(거의 죽을 뻔하다가 도로 살아남)에 대한 안도감, 국가에 대한 비장한 사명감 등이 뒤엉켜 있었다.

창립 회원은 모두 열두 명! 부회장인 조성철 중앙산업 사장, 남궁련 해운공사 사장을 비롯해 이정림, 설경동, 박흥식, 홍재선, 최태섭, 이한원, 정재호, 김지태, 이양구, 함항희 등 기업인들이었다.

한편, 이병철이 박정희에게 얘기한 '경제인 활용안'은 그가 국가재건최고회의 의장이 되면서 '투자 명령'으로 실현되었다. 박정희는 가난한 농민 출신으로, 처음에는 부자에 대한 거부감을 갖고 있었지만 이병철의 의견에는 일리가 있다고 생각했다. 투자 명령에 따라 한국경제인협회 회원들이 정유, 시멘트, 비료, 나일론, 합성수지, 전기 기기, 케이블 등의 공장을 짓기로 했다. 비료는 이병철, 정재호, 김지태가 맡았다. 정유는 남궁련, 이동준과 이정림이 제철, 케이블은 구인회, 시멘트는 김성곤, 전기는 이한원이 각각 맡았다.

당시 한국 경제 발전안을 두고 의견이 양분되어 있었다. 하나는 외자를 유치해서 공장을 하나라도 많이 세워 수입을 대체하고 수출을 촉진해야 한다는 것이었고, 또 하나는 인구의 대부분이 종사하는 농업을 개발한 후에 공업화를 진행해야 한다는 것이었다. 물론 이병철을 포함한 한국경제인협회 회원들은 나라의 기간산업(전력, 철강, 가스, 석유 산업 등 한 나라 산업의 기초가 되는 산업)을 견실하게 키우는 일이 가장 우선이라고 생각했다. 이병철은 기회만 닿으면 정부 관계자들에게 이렇게 말했다.

"우리나라에는 자본도 없고 기술도 없습니다. 선진국에서 차관(외국 정부나 공적 기관으로부터 자금을 빌려옴. 또는 그 자금)이나 투자 형식으로 자본과 기술을 하루라도 빨리 도입해야 합니다. 지금 시기를 놓치면 경제 개발은 더 늦어지고 가난과 혼란의 악순환은 계속될 겁니다."

이병철은 대규모의 신규 투자를 받기 위해 동분서주했다. 그가 가장 먼저 찾은 곳은 미국 샌프란시스코 국제산업회장. 이곳에는 세계 80여 개국에서 500여 명의 기업인들이 왔는데, 이병철은 한국 경제인 대표로서 미국 정부 관계자 및 경제인들에게 한국의 경제 사정을 설명하고 정유와 비료 공장 건설을 위한 투자 유치를 이끌어내려 했다. 또 다른 동료 경제인들이 자금이나 기술적인 문제를 해결할 수 있도록 그들을 해외 경제 단체나 자신이 개인적으로 알고 있는 거물급 경제인들과 연결해주었다. 민간경제교섭단을 구성해 미국과 유럽에 파견하기도 했다. 이병철은 미국 쪽을 맡았다. 덕분에 1962년부터는 그 사이 추가 회원을 영입해 마흔 명으로 늘어난 한국경제인협회가 명실상부한 경제인 단체로서 정부의 경제개발 계획에 적극적으로 협력할 수 있었다. 1963년에는 박정희가 대통령에 취임하면서 한국경제인협회의 역할은 더욱 중요하게 떠올랐다. '제1차 경제개발 5개년계획(1962-1966)'이 본격적으로 국가 핵심 사업이 되었고, 그 중추적인 역할을 기업인들이 담당했기 때문이다.

기업가들 사이에서 이병철은 종종 신라시대의 장보고에 비유되었다. 장보고는 신라 흥덕왕 때의 거상으로, 중국과의 교역로에 해적이 창궐하자 완도에 청해진을 구축해 해적을 퇴치하고 죽어가는 신라의 유통 경제를 회생시켰다. 장보고가 중국에 거주하는 신라인들의 투자를 받아서 군대를 만들고 신라 경제를 부활시켰다면, 이병철은 박정희의 지원 아래 기업가를 모으고 외국 자본의 투자를 받아 기간산업을 세웠다. 부정 축재자로 몰려 처벌받을 위기에 처한 기업가들을 조직화해서 국가 산업을 일으킬 군대로 변모시킨 셈이다. 장보고와 이병철은 어려운 국가 경제를 번영의 길로 접어들게 한 공통점을 갖고 있었다.

참을 수 없는 기업가 근성

시대적 요청에 따라 이병철이 이렇게 한국경제인협회 일에 전념하고 국가 경제를 살릴 방법을 고민했지만, 그렇다고 부정 축재자의 오명을 완전히 벗은 건 아니었다. 비료 회사, 은행 등의 주식은 모두 정부에 환수되었다. 1966년에는 밀수 혐의까지 받았다. 정부에서 맡겨 추진하던 한국비료 공장 건설 중에 '사카린(합성감미료의 일종. 당도가 설탕의 500배 정도이지만 방광암을 일으킬 수 있어 현재는 식용으로 사용되지 않는 물질)'을 대량 밀수했다는 것이었다. 밀수라는 오명은 이병철 인생 최악의 수치이자 고난이었다.

"사카린이 시중에 많이 나돌면 저희 제일제당이 제일 타격을 입을 텐데, 우리가 그럴 리가 있습니까?"라고 항변해도 소용이 없었다. 언론은 매일같이 기사로 매를 때렸다. 정치권도 삼성을 두고 서로 잡아먹지 못해 안달이었다. 사건을 수습하는 과정에서 삼성은 많은 것을 잃었다. 이병철도 경영에서 물러나기로 했다. 노력해도 벗어날 수 없는 주홍글씨와도 같은 낙인과 쌓아 올리면 다시 무너져 내리기를 반복하는 사업에서 떠나고 싶었다. 이병철은 첫째 아들에게 그의 자리를 맡기고 경영에서 물러났다.

경영 전선을 떠나 있었지만 이병철의 머릿속에는 실의와 재기에 대한 갈등이 계속되었다. 그때마다 2000년 전의 고전, 《논어》를 읽으며 스스로 마음을 가다듬었다. 인간의 기본적인 사상과 규범 등에 관한 교재로는 그에게 《논어》만한 것이 없었다..

'시련이 없이 어떻게 사람의 그릇이 커지겠는가! 배는 물이 붇고 파도가 거칠어지면 위험하기도 하지만 그만큼 높이 올라앉는다.'

이병철은 가끔 골프를 하거나 여행을 다니기도 했다. 그러나 무엇을 하든 늘 마음속 한구석은 허전했다.

그러던 어느 날, 해외에서 한국으로 돌아오는 비행기 안이었다.

"우리나라 산은 유난히도 헐벗었군."

프로젝트 3

"네?"

수행 비서는 어떤 답을 해야 하나 잠시 머뭇거렸다. 하지만 이병철은 답을 원하고 한 말이 아니었다. 혼자 생각 중이었다. 헐벗은 산하가 우리의 아픈 역사이고, 산업의 현주소를 대변하고 있다는 것을.

우리나라는 국토의 3분의 2가 산지이면서도 산림 자원이 빈약했다. 조선시대까지는 산림 왕국이었다고 하지만 일제 강점기와 한국전쟁을 통해 산림은 거의 사라져버렸다. 일제에 의한 벌목과 광산 개발, 해방 이후 땔감 등을 위해 이루어진 무차별적인 벌채, 화염에 휩싸였던 한국전쟁으로 인해 헐벗은 산이 되었다. 심지어 빨치산(적의 배후에서 통신·교통 시설을 파괴하거나 무기나 물자를 탈취하고 인명을 살상하는 비정규군. 특히 우리나라에서는 6·25전쟁 전후에 활동했던 공산주의를 추종한 비정규군을 말한다) 소탕을 위해 멀쩡한 나무를 벌채하기도 했다. 반만 년 동안 보존해온 녹음이 이 짧은 기간 동안 10분의 1 수준으로 감소해버렸다.

이병철은 논과 밭에도 시선이 머물렀다. 한숨이 절로 나왔다. 제1차 경제 개발 5개년계획으로 공업 분야는 고도 성장을 하여 경제적인 자립 기반을 형성했지만, 공업 분야에 비해 농업 분야가 상대적으로 낙후되면서 도시와 농촌 간의 소득 격차가 벌어지고 있었다. 농촌의 문제는 경작지가 좁고, 자연환경에 전적으로 의존한다는 점이었다. 가뭄이 오거나 태풍이 오는 해에는 농민들은 꼼짝없이 빚더미에 올라앉고 말았다. 이것이 곧 사회 문제로까지 확대될 것이라는 사실은 선진국의 예를 보면 알 수 있었다.

'이대로 가면 농민들이 몰락하고, 언젠가 식량 위기가 올지도 몰라. 농지도

비 내리던 날들 73

넓히고 종자도 개량해서 우리나라 스스로 식량 문제를 해결해야 하는데….'

　문득 유럽에 갔을 때 들른 스위스가 떠올랐다.

　'스위스는 우리나라 땅의 절반밖에 안 되는 크기에 더군다나 산 속에 있는 나라다. 하지만 불리한 입지 조건을 극복하고 산지를 농지와 목축 용지로 활용했어. 우리는 분명 더 유리한 조건이야.'

　이병철은 즉시 여러 전문가들을 만나 조언을 구했다. 그런데 돌아오는 답은 시원치 않았다.

　"우리나라는 토질이 기름지지 않습니다. 비도 적게 오고요. 수목이 잘 자랄 수 있는 조건이 아닙니다."

　"고려 시대만 해도 산림이 울창했다는 기록이 있던데, 그건 어찌 된 겁니까? 또 옛 건물들을 살펴보면 아름드리나무(둘레가 한 아름이 넘는 큰 나무)를 많이 사용했는데 그건 어디에서 구한 걸까요?" 하고 이병철이 따지면 "글쎄요. 그건 옛날이야기니까요"라고 말하며 웃어넘겼다.

　이병철은 답답했다. 이때 그의 궁금증을 풀어줄 사람이 나타났다. 서울대학교 농과대학의 권위 있는 산림학자인 박사 현신규였다. 현신규는 이병철의 질문에 질문으로 답했다.

　"기업하시는 분이 나무에 관해서는 뭐하려고 공부를 하십니까?"

　"우리나라도 스위스처럼 자연환경을 극복하고 선진국이 되는 데에 제가 도움이 될 수 있다면 큰 보람이 될 것 같습니다."

　현신규는 이병철의 눈빛에 담긴 진심과 말 속에 담긴 혜안에 속으로 놀랐다.

프로젝트 3

"저와 함께 광릉에 한번 다녀오시지요. 그곳에 답이 있습니다."

이병철은 현신규의 의중을 알 수 없었지만 현신규 박사의 말대로 함께 광릉으로 향했다.

광릉에 도착한 이병철은 입에서 탄성이 절로 나왔다. 거대한 나무들이 내뿜는 싱그러움, 초록의 생명력이 온몸으로 느껴졌다.

"정말로 답이 이곳에 있었군요. 눈으로 직접 보지 않았더라면 이런 감동은 몰랐을 겁니다. 그런데 이렇게 굵은 나무가 어떻게…."

"우리나라 토질이 좋지 않다고요? 절대 아닙니다. 보십시오. 이것은 반사토입니다. 우리나라에서 아주 흔한 흙이지요. 나무가 잘 자랍니다. 자연 조건만 따지자면 산림이 울창하다는 일본보다 우리나라가 훨씬 좋습니다."

광릉을 다녀온 후 이병철은 참을 수 없는 어떤 근성이 가슴 밑바닥에서 다시 솟아오르는 것을 느꼈다.

'그래, 후세를 위해서 꼭 필요한 일이다. 내 생애 마지막 사업으로 생각하고 도전해볼 만한 가치가 있어.'

무지개를 찾는 사람

새로운 방식의 국토 확장

이병철은 틈나는 대로 세계 각국의 조림에 관한 연구 자료를 면밀히 검토했다. 해외 산림전문가들도 초빙해서 사업의 타당성에 대해서도 의견을 구했다. 어느덧 가슴속 깊은 상처들이 하나둘 나아가는 것 같았다.

'나를 치유할 수 있는 것은 역시 새로운 도전뿐이야.'

"우리나라는 땅의 60퍼센트가 산지입니다. 그중 4분의 1은 개발이 가능합니다."

전문가들이 최종 의견을 전했다. 이병철도 마음을 굳혔다.

'나라 전체로 보면 158억 제곱미터를 개발할 수 있다는 계산이 나온다. 이것을 농지나 목축 용지, 과수를 심는 방법으로 개발하면 식량 자급자족, 소득 증대, 국토 확장이라는 일석삼조의 효과를 얻을 수 있다.'

1968년 중앙개발(현 삼성에버랜드)을 주축으로 하는 용인 자연농원의 조성

프로젝트 3

사업에 들어갔다.

"토질, 강우량, 온도, 습도가 국내 평균치여야 합니다. 또 시범 사업이니 되도록 많은 사람들이 관람할 수 있어야 합니다."

그의 지시대로 몇 군데의 농원 부지가 후보에 올랐고 최종적으로 경기도 용인을 선정했다. 얼마간은 일이 순조롭게 진행되는 듯했다. 그러나 곧 어려움에 부닥쳤다. 용인 땅의 주인들이 대부분 영세해서 무려 2,000여 명의 동의를 얻어야 했을 뿐만이 아니라 땅 중에 묘지가 상당수 포함되어 있다는 큰 문제가 있었다.

"우리 부모님 묻히신 곳에 돼지를 키우겠다는데 내가 그런 일에 도장을 찍어줄 것 같아요?"

"개발이란 게 다 산을 망치는 거지, 다르긴 뭐가 달라?"

"한쪽에는 놀이동산도 만든답니다. 열심히 일해서 돈을 벌어도 시원치 않은 판에 돈을 쓰라고 부추기는 건 말도 안 되지!"

"국가를 위하고 국민을 위한 사업을 하는 회사라고 떠들어대더니 이제야 본색을 드러내네."

사람들의 불만과 불신은 하늘을 찔렀다. 레저 산업에 투자할 돈이 있으면 중공업에 더 투자해야 한다는 목소리도 높았다. 그러나 이병철과 직원들은 포기하지 않았다. 물론 국가 전체가 경제 성장을 위해 총력을 기울이고 있던 때이지만, 국민들의 제대로 된 휴식처를 한 군데 정도는 마련해야 한다는 생각에 변함이 없었다. 무엇보다 본래 취지는 농업 발전을 위한 것이었으므로…. 이병철은 자연학습장과 레저 활동을 겸한 낙원, 세대를 넘어 모델이 될만한 시설을 만들어 보여주고 싶었다.

'사람이 기업을 하는 동기에는 여러 가지가 있을 수 있다. 그중에는 금전욕을 뛰어넘는 창조적 충동이라고 할만한, 무엇이든 값어치 있는 것을 누구보다도 먼저 앞장서서 만들어내고자 하는 본능과 이에 따르려는 의욕이 있는데 우리는 이것을 과소평가하거나 무시하려는 경향이 있다.'

그는 진정한 의미의 기업가 정신이란 바로 이런 본능과 사회적 책임감이 잘 화합하여 우러나오는 것이라고 믿었다.

'아무리 돈을 많이 번다 해도 언젠가는 나도 세상에 잊히고 만다. 그러나 만약에 언제까지나 남을 자랑스러운 사업을 이룩한다면 내가 죽은 다음에라도 사업은 남는다.'

그와 직원들은 사람들에게 농원 사업의 목적과 의의를 설명하고 꾸준히 설득했다. 이런 노력 덕분에 결국 1971년 착공할 수 있었다. 그리고 5년의 세월에 걸쳐 100억 원의 자금과 이병철의 원대한 구상이 만났다. 1,485만 제곱미터의 불모지가 낙원으로 변했다.

그동안의 산림 개발이 실패한 이유가 체계적이고 종합적이지 못했기 때문이라고 본 이병철은 키울 나무 종류를 엄선하는 것부터 개발을 차례로 진행했다. 토양과 기후에 맞는 종, 호두나무나 살구나무처럼 식량 자원이나 가공식품의 원료가 될 수 있는 종, 세계적으로 희귀한 종도 1,200여 종이나 포함되어 있었다. 미국의 롱우드식물원(미국 펜실베니아에 있는 식물원)을 모델로 삼았다.

"경사도가 15도 미만인 평평한 곳에는 묘목을 길러서 일반인들에게 공개

합시다. 자연학습장이 되도록 말이지요. 30도 미만인 낮은 구릉에는 수익성과 효율성이 높은 호두, 살구, 밤을 심읍시다. 수확하기가 수월해질 것입니다. 급경사 지대나 높은 지대는 장기간 길러야 하는 목재 조성용 나무를 심는 것이 좋겠습니다. 소나무, 오동나무, 은행나무를 심고….”

그는 한 가지를 결정하면 그 다음에 필요한 일들을 바로 연결 지어 생각했다.

"가만, 그럼 땅이 건조하고 메마른 지역에는 거름이 필요할 텐데…. 거기에 양돈 단지(돼지를 기르는 곳)를 만들면 되겠군요.”

양돈은 퇴비를 공급하는 동시에 수익을 얻을 수 있는 일석이조의 방법이었다. 곧 개량종 씨돼지 600마리를 수입하기 위해 비행기 석 대를 동원했다.

"비싼 소를 키워야지, 왜 하필 돼지지?”

이런 의문을 갖는 사람도 있었다. 하지만 이병철은 돼지가 소와 같은 동물성 단백질 공급원이면서도 소보다 사육과 번식이 쉽다는 점에 주목했다. 또 수출로 외화 획득도 가능했다. 자연농원은 한 단지에서 돼지 5만 마리를 기르는 국내 최초의 기업적 양돈을 시도했다. 여섯 종의 돼지 종자를 토대로 품종을 개량해서 기존보다 번식률을 20퍼센트나 높였고, 사육 기간을 5개월이나 단축했다. 덕분에 소비되는 사료를 3분의 1로 절감했다. 돼지는 훌륭한 수출 상품으로 자리를 잡아갔다. 이 소식을 들은 이병철은 무척 기뻤다.

'전국에서 기르는 재래종 돼지를 우리 자연농원에서 개발한 종으로 바꾸면 새끼 돼지를 길러 판매만 해도 연간 100억 원의 수익을 얻을 수 있어.'

"유실수를 개량하고 묘목, 종돈, 치어를 공급하고 영농 기술을 보급하여 농가 소득을 늘리는 데에 조금이라도 길잡이가 되고 있으니 한없는 보람과 기쁨을 느낍니다. 또 우리나라 산림 개발의 가능성과 미래상을 확인해서 뿌듯합니다."

만족스러운 농장 프로젝트의 결과였다. 그는 여기에 다시 한 번 아이디어를 보탰다.

"이런 시설을 모든 사람들이 널리 이용할 때까지 농원 사업은 완결된 것이 아닙니다. 항상 한 단계 발전한 모습을 상상해주십시오. 단순히 자연을 즐기고 마는 것을 원하지 않습니다. 내가 생각하는 것은 거대한 야외 교실이고, 국가 발전을 위한 실험의 장입니다."

1976년 자연농원은 드디어 역사적인 개장을 했다. 입장료는 성인 600원, 어린이 300원! 지금 가치로 따져보면 3만 원 정도 하는 가격이었다.

레저 시설이라는 것이 없던 시절, 수많은 가족들이 자연을 아름답게 조성해놓은 자연농원 속에서 함께 휴식을 즐기고 미래를 설계했다.

한편 경영진은 계속해서 세계 곳곳의 유명 테마파크를 견학하고 공부했다. 그들은 미국의 '디즈니랜드', 일본의 '요미우리랜드'처럼 우리 어린이들이 자연을 배우면서 꿈과 낭만을 키울 수 있는 더 나은 자연농원을 구상했다.

세계 각국에서 진귀한 동식물도 속속 들여왔다. 국내 최초로 사자 사파리도 개장했다. 멧돼지 축구, 공작 쇼, 물고기 안 먹는 오리 등은 당시 자연농원 내 동물원에서만 볼 수 있는 독특한 볼거리였다. 근처에 호암미술관과 각종 첨단 놀이기구들도 들어섰다. 이로써 용인 자연농원은 그야말로 다목

프로젝트 3

적 기능을 갖춘 국민들의 휴식처가 되었다.

끊임없는 연구와 개발 노력 덕분에 자연농원은 국내 농업 발전에 기여했을 뿐만 아니라 레저 시설로서도 세계적인 수준에 이르렀다. 이병철이 이

미 세상을 떠나고 난 뒤인 1996년에 자연농원은 세계 10대 테마파크에 선정되는 영광을 누렸다. 자연농원은 이를 계기로 이름을 '에버랜드'로 바꿨다. 미래 세대를 위한 영원한 낙원을 꿈꾼 이병철의 뜻을 기리고 국제화 시대에 발맞추기 위해서였다. 이후 소득이 향상되고 삶을 풍요롭게 만드는 레저 시설에 대한 인식이 높아지면서 놀이기구, 테마파크의 기능을 좀 더 확대하였다. 지금의 신나는 놀이동산, 에버랜드는 바로 이런 과정을 통해 완성되었다.

이병철의
성공법칙
3

아이디어, 꼬리에 꼬리를 물어라!

이병철 할아버지가 직원과 함께 자연농원 부지를 돌아볼 때 일이었다.

"나무를 기르려면 퇴비가 필요하지. 그럼 돼지를 키웁시다."

"돼지도 그냥 돼지 말고, 기왕이면 우량종을 만들어 키웁시다."

그는 올 때마다 한 가지씩 아이디어를 보탰다.

"저기 저 호수에서 물을 끌어 나무를 키운다고 했지? 음…. 그럼 호수에는 물고기와 오리를 키우는 것도 좋겠군."

"회장님, 그건 안됩니다."

"왜?"

"오리를 키우면 오리가 물고기를 잡아먹습니다."

"아! 그럴 수 있겠군. 가만 그럼 오리가 그러지 못하게 하는 방법은 없을까?"

이병철 할아버지의 사업 확장은 이런 식으로 이루어졌다. 완벽하고 빈틈없을 것 같은 이병철 할아버지의 아이디어도 결코 처음부터 대단하고 완벽하게 갖추어진 것은 아니었다. 안된다는 말을 들으면 반드시 "왜?"라는 의문을 품었고, 끊임없이 탐구했다.

아이디어는 작은 것에서부터 꼬리에 꼬리를 물고 더욱 견고하고 크게 성장한다. 누구나 작은 의문, 작은 아이디어를 놓치지 않고 탐구하면 언젠가는 크고 멋진 아이디어를 완성할 수 있다. 더불어 어떤 벽을 만났을 때는 반드시 "왜?"라고 질문할 줄 알아야 한다.

> 프로젝트 4

반도체,
신화의 시작

우리는 기술이 국력이며

기술을 지배하는 자가

세계를 지배하는 시대에 살고 있다.

경제 발전과 기업 성장의 기반이 되는

핵심 기술과 첨단 제품을 우리 스스로 개발해

경쟁력을 높여나가는 일이

우리가 가진 시대적 사명이다.

프로젝트 4

전자 산업의 바다로

경영 전선으로 돌아오다

자연농원을 구상하며 초야에 묻혀 있기를 1년여. 이병철에게 반가운 손님이 찾아왔다. 이창업이었다. 그는 이제 제일모직의 사장직을 맡고 있었다. 찻잔을 사이에 두고 바라보니 이병철은 만감이 교차했다. 사업을 막 시작했던 조선양조장 시절에 동업으로 인연을 맺어 함께 전쟁을 이겨내고 회사를 가꾸어온 이창업이 아닌가! 쓴소리도 필요하다면 주저하지 않고 해준 그가 복잡한 심경을 한마디에 담아 물었다.

"회장님, 초야에 묻혀 계시니 마음이 편하십니까?"

"이렇게 편한 것을 왜 그동안 그렇게 힘들게 살았는지 모르겠습니다."

"정말 편하십니까?"

"이 사장, 나는 이 농원을 생애 마지막 사업이라고 생각하고 있어요."

"당치 않습니다. 아직 해야 할 일이 많은데, 마지막 사업이라니요?"

"나는 지쳤어요."

"회장님, 사람마다 그릇이 다르다고 늘 말씀하셨지요? 회장님은 여기서 이렇게 계시기에는 아까운 분입니다. 이제 돌아오십시오."

이창업이 돌아간 뒤에도 이병철은 그의 마지막 한마디가 마음에 걸렸다. 회사에서 이병철의 빈자리는 너무도 컸다. 주춧돌이었던 이병철이 빠져나온 회사는 이전과 다를 수밖에 없었다. 이병철은 위기에 빠진 회사가 자기 탓만 같아서 괴로웠다. 마음 속 깊은 곳에서는 모든 것을 바쳐 일구어온 회사를 걱정하는 소리가 천둥보다 크게 울렸다.

'그래, 돌아가자. 내가 있어야 할 자리로!'

1968년 1월 1일. 첫눈이 소복한 날, 이병철은 회사로 돌아왔다.

두루마기 차림으로 새해맞이 행사장에 모습을 드러낸 그를 중역들은 우레와 같은 박수로 맞았다. 이병철도 스스로가 살아 있음을 느꼈다. 그는 그 자리에서 '삼성의 제2 창업'을 선포했다.

"오늘날과 같은 치열한 기업 풍토에서 옛것을 고수하는 일은 정체와 퇴보를 의미할 뿐입니다. '진보는 가장 중요한 생산이다'라는 미국의 경영 이념은 우리의 기업 현실에도 적용할 수 있습니다. 따라서 삼성그룹은 새로운 체제를 정비해 내적 충실을 기하면서 창조적 아이디어를 모을 것입니다. 자금 운영의 방법, 신규 사업의 발굴 등에 전력을 다해 기업의 지속성을 보장하겠습니다."

그의 신년사에 담긴 의지는 삼성그룹 직원들에게 큰 위로와 기대를 안겨주었다. 그가 경영 일선에서 물러난 지 1년 3개월 만의 일이었다.

전자 산업에 진출하다

이병철은 복귀하자마자 삼성물산의 젊은 인재를 중심으로 개발부를 새로 만들었다. 새로운 사업에 대해서 타당성 조사와 자료를 수집하기 위해서였다. 당시엔 이병철이 예고했던 새로운 사업이 구체적으로 무슨 사업인지 아는 사람은 아무도 없었다. 그리고 얼마 후 그들에게 '전자 산업'이라는 미션이 주어졌다. 이병철은 1년여 동안 자연농원에서 칩거했지만 다행히 경영 흐름의 끈을 놓치지 않았고, 복귀를 생각하면서 그의 눈에 들어온 것이 바로 전자 산업이었다.

직원들은 처음에 전자 산업이라는 말을 듣고 깜짝 놀랐다. 당시 흑백 텔레비전은 웬만한 월급을 받는 사람이 사기엔 엄두도 못 낼 정도로 비쌌다. 또 세계 시장에서 전자 산업은 유럽과 미국의 뒤를 이어 일본이 주름 잡고 있었다. 우리나라에서 이미 손을 댄 기업들도 있었지만 외국산 부품을 들여와서 조립하는 수준에 머물러 있었다. 그래서 전자 산업은 뚜렷한 비전이 없는 분야로 여겨지고 있었다. 그런데 이병철은 생각이 달랐다. 기술 혁신과 대량 생산을 해 가격을 낮추고 수요를 높이면 충분히 승산이 있을 것이라고 생각했다.

'전자 산업은 내수와 수출 모두 전망이 괜찮은 산업이야. 정부도 전자 공업 개발에 힘쓰겠다고 발표했고.'

개발부 직원들도 처음에는 미심쩍어했지만 타당성 조사를 마친 후에는 이병철의 생각이 옳았음을 인정했다.

이병철은 일본으로 건너가 일본 재계의 거물인 이우에 토시오 산요전기 회장을 만났다. 그는 산요 공장을 비롯한 전자 업계를 두루 시찰했다.

도쿄에 있는 산요전기 단지를 보고 이병철은 입이 다물어지지 않았다. 그 규모가 132만 제곱미터에 이르렀기 때문이다. 게다가 그곳에서 텔레비전, 에어컨, 냉장고 등의 가전제품이 쏟아져 나와 창고에 차곡차곡 쌓이는 것을 보니, 전자 산업이 머릿속으로만 생각하던 것보다 훨씬 대단하다는 걸 실감했다.

'전자 산업이야말로 무에서 유를 창조하는 산업이요, 부가가치가 99.9퍼센트에 이르는 산업이로군.'

이병철은 국내로 돌아오자마자 삼성 본관으로 직행해 간부 회의를 소집했다.

"기술 개발 능력을 최단 시간 안에 보유해야 합니다. 전자 공업 단지는 크게 지을 생각입니다. 135만 3,000제곱미터 이상의 공장 터를 물색하도록 하십시오."

"회장님, 직원도 500명에서 600명이면 충분할 텐데, 그렇게 넓은 땅을 어디에 쓰시겠다는 건지요?"

임원들은 의아해했다.

"도쿄에 있는 산요전기 공장은 132만 제곱미터예요. 그렇다면 우리는 그들보다 3.3제곱미터라도 더 큰 단지를 지어야 합니다. 지금은 135만 3,000제곱미터가 너무 크게 보일지도 모르지만 머지않아 더 많은 땅을 필요로 할 것입니다."

프로젝트 4

이병철의 설득으로 임직원들은 수원의 매탄동에 148만 5,000제곱미터의 땅을 공장 터로 매입했다. 원래 계획했던 것보다 13만 2,000제곱미터나 넓은 규모였다. 그러자 사회 여론은 삼성이 부동산 투기에 뛰어들었다고 비판하기 시작했다. 당시 국내에서 큰 공장이라고 해봤자 수만 제곱미터에 불과했기 때문이다. 들끓는 여론에도 불구하고 이병철의 의지는 굳건했다.

'누가 무어라 하든지 내 길을 가겠어.'

이병철은 1969년 12월 삼성이 50퍼센트의 자본을 출자하고, 일본 산요전기가 40퍼센트, 스미토모상사가 10퍼센트를 출자하여 '삼성산요전기'를 설립했다. 이렇게 삼성은 1958년 금성사(현 엘지전자)가 설립된 지 10여 년 만에 후발주자로 전자 업계에 뛰어들었다.

영원한 맞수

금성사는 첫 국산 라디오 'A-501'을 히트시키면서 국내 가전 시장을 거의 독점하고 있었다. 삼성이 전자 산업을 시작하면 가장 큰 라이벌이 되는 셈이었다. 그런데 이병철은 한 가지가 마음에 걸렸다. 바로 금성의 창업주 구인회였다. 구인회는 이병철과는 어려서부터 함께 자란 죽마고우이자 '동양방송'을 공동 설립하고 사돈까지 맺은 막역한 사이였다.

'내가 아무리 절친한 친구라 해도 구 회장으로서는 달가울 리 없겠지?'

전자 산업의 바다로

고민은 되었지만 회사의 운명을 건 사업을 포기할 수는 없었다. 그렇다고 아무 말 않고 일을 벌이는 것도 내키지 않았다.

1968년 봄, 안양골프장(현 안양베네스트GC).

이병철은 구인회와 골프 약속을 잡았다. 장남과 함께였다. 그는 늘 하던 대로 약속 시간보다 일찍 골프장에 도착해서 준비했다.

"어이, 사돈!"

멀찍이서 구인회가 반갑게 손을 흔들며 인사를 건넸다. 이병철의 마음이 무거워졌다.

"오늘도 일찍 나왔구만. 그러니 잔디 위의 칸트라고 하는 게 아닌가."

구인회는 오랜 지기에게 농담을 던지며 필드로 향했다.

"날 좋다. 오늘은 어쩐지 공이 잘 맞을 것 같네."

라운딩은 평소와 다름없이 진행되었다. 골프는 이병철이 가장 즐기는 운동으로 한국에 제대로 된 골프장이 생기기 전부터 골프를 배웠다. 해외 바이어들과도 골프 회동을 즐겼다.

"골프를 해보면 그 사람 됨됨이를 알 수 있어."

이병철의 지론이었다. 때문에 이병철은 경영 전선을 떠나 있는 동안 안양 골프장을 지었고, 나무 한 그루까지도 직접 골라 심고 가꾸었다. 라운딩 중간에 잠시 쉬는 시간, 사방의 푸른 잔디와 나무들을 바라보는 것이 이병철의 낙이었다.

그러나 경영에 복귀하고 나니 전만큼 자연에 푹 빠져들 수가 없었다. 다시 목표를 향해 달려가야 할 때였기 때문이다. 더군다나 오늘은 더욱 여유가 없었다. 종종 결단의 장소로도 이용하던 골프장, 오늘도 그는 어렵지만 꼭 필요한 결단을 내려야 했다.

"구 회장! 우리도 앞으로 전자 산업을 할까 하네."

이병철은 어렵게 말을 꺼냈지만 최대한 가볍게 지나가는 듯이 이야기하려 애썼다. 구인회의 표정이 단번에 굳었다. 그의 눈빛은 '다른 사람도 아닌 자네가 그럴 수 있나?'라고 책망하는 듯했다. 구인회는 벌떡 일어서서 그 길로 자리를 떠났다. 옆에 있던 장남이 어쩔 줄 몰라 하며 이병철을 살폈다.

"붙잡지 않으십니까?"

이병철은 이미 예상했던 일이었다. 지금 붙잡은들 무엇 하겠는가. 사활을 건 사업을 놓고 두 회사가 사이좋게 경쟁할 수 있는 방법은 없었다.

'구 회장은 그릇이 큰 사람이니, 언젠가는 나를 이해할 것이다.'

얼마 지나지 않아 이병철이 본격적으로 전자 산업에 진출하자 구인회와의 관계는 최악의 사태로 치달았다. 작별 인사도 없이 헤어진 두 사람은 동양방송(현 KBS2)의 동업 관계도 끊고 말았다. 이런 최악의 상황에도 이병철은 결코 의지를 굽히지 않았다. 아니 굽힐 수가 없었다.

'기업 경영이 아이들 소꿉장난인가. 개인적인 감정에 휘둘려서는 안 돼.'

기왕 결정을 하고 뛰어든 일, 어느 누구에게도 지기 싫어하는 투철한 승부사 이병철이 개인적인 감정에 좌우될 리는 없었다. 전자 산업에서 성공해야 했다. 구인회가 아니라 그 누구한테도 한 치의 양보도 할 수 없었다.

"삼성이 일본 업체를 끌어들여 국내에 막 움트기 시작한 전자 산업의 싹을 제거하려 한다."

"삼성이 민족 자본을 말살하려는 매판 행위를 하고 있다!"

삼성이 일본 산요전기와 합작을 통해 삼성전자 설립을 준비하자 기존 59개 전자 업체들로 구성된 한국전자공업협동조합도 대대적으로 반대하고 나섰다. 삼성의 합작 투자는 전자 산업 발전이 아니라 단순 조립에 지나지 않으므로 절대 허용해서는 안 된다는 게 핵심이었다.

삼성은 텔레비전과 라디오 생산량 중 15퍼센트만 국내에서 팔고 나머지는 모두 수출할 방침이라고 설명했다. 그러나 15퍼센트도 허용하지 말아야 한다는 게 기존 업체들의 주장이었다. 가뜩이나 좁은 시장을 후발업체인 삼성에게 내줄 수 없다는 생각이 강했다. 그런데 다행히도 정부가 숨통을 열어주었다. 정부는 전자 산업을 육성하기 위해 '생산 물량 전부를 해외에 수출한다'라는 조건을 달아 삼성의 전자 산업 진출을 허가했다.

삼성과 금성! 전자 업계에 있어서 두 맞수의 피할 수 없는 경쟁의 역사는 이렇게 시작하였다.

컬러텔레비전으로 뒤집기 한 판

삼성이 각고의 노력으로 전자 산업에 뛰어들었지만 라디오, 세탁기, 텔레비전 등 생활 가전 분야에서 삼성은 만년 2위였다. 특히 흑백텔레비전 시장에서는 금성이 압도적으로 우세했다. 이병철은 자존심이 상했다. 언제나 일등 제품을 만들고자 했던 그였다.

프로젝트 4

그뿐 아니었다. 삼성이 초기에 만든 선풍기는 조악했다.

"이것 보세요. 선풍기 바꿔주세요. 아니, 아예 돈으로 다시 내줘요!"

선풍기는 손으로 들어 올리면 목이 자주 부러지는 사태가 발생했고, 고객들의 항의가 빗발쳤다. 하는 수 없이 삼성전자는 선진국의 유명 제조업체가 생산한 제품을 사들여 부품을 뜯어내고 다시 조립을 해가며 기술을 연구했다. 그러나 기술은 쉽게 따라할 수 없었다. 냉장고는 금성의 상대가 안 됐다. 삼성이 고전한 가장 큰 이유는 '원천 기술'을 확보하기 어려웠기 때문이었다.

삼성이 삼성산요전기 공장을 건설할 무렵 이우에 사토시 산요전기 회장이 갑자기 세상을 떠났다. 그러자 믿었던 산요전기의 태도는 돌변했다. "공장 규모를 3분의 1로 줄입시다", "부품 공장을 먼저 짓는 것이 좋겠습니다" 등등 터무니없는 요구를 했다. 그들은 기술 전수와 냉장고 공장 건설을 빨리 추진하겠다는 이병철의 제의도 무시했다.

"회장님, 산요전기 측에 나가 있는 연수생들의 고생이 이만저만이 아닙니다."

"무슨 소린가요?"

"주요 부품의 설계 도면이나 가방은 서류 가방에 넣어 가지고 다니면서 절대로 볼 수 없게 한답니다. 혹시 기술을 빼갈까봐 텔렉스실(텔렉스 : 전화의 자동 교환과 인쇄 전신의 기술을 이용한 기록 통신 방식) 문은 꼭 잠그고 다니고, 생산 과정에서 문제가 생겨도 우리 기술자들은 모두 밖으로 내보내고 자기들끼리 해결한답니다."

이병철은 화가 났다. 그들의 무례한 태도에 상처 입었을 직원들을 생각하

전자 산업의 바다로

니 피가 거꾸로 솟는 듯했다. 그러나 말은 냉정하게 했다.

"그게 다 모르니까 당하는 수모입니다. 그럴수록 참고 기술을 익혀야 합니다."

이병철은 보란 듯이 텔레비전을 만들어 전자 산업 후발주자의 약점을 보완하려 했지만 산요전기는 합작 투자를 한 지 2년이 지나도록 텔레비전 공장 하나 제대로 건설하려고 하지 않았다. 한 술 더 떠서 100퍼센트 수출 조건으로는 합작은 물론 기술 제휴도 할 수 없다고 나왔다. 결국 부품 납품권도 산요전기에서 장악했다. 한국의 값싼 임금만을 이용하려는 속셈이었다. 국내에서 조립한 제품에는 산요전기 상표를 붙여야 했고, 정부의 배려로 조금이나마 국내에서 팔게 된 제품에도 삼성의 상표를 붙일 수 없었다.

이병철은 더 이상 참을 수 없었다. 그는 텔레비전 생산 시설을 직접 들여오기로 했다. 또 일본에서 수입하던 브라운관 유리도 국내에서 생산할 계획을 세웠다. 1972년 텔레비전 공장 건설이 끝나자 중대 발표를 했다.

"산요전기의 투자분을 모두 인수하겠습니다."

이병철은 산요전기와의 합작을 깨끗이 청산하기로 했다.

1972년 11월, 이병철의 끈질긴 노력은 빛을 발했다. 삼성이 만들었다고 당당히 밝힌 텔레비전이 미국에 수출되어 '엉클 샘'이라는 애칭까지 얻으며 불티나게 팔린 것이었다. 1973년 말, 삼성 텔레비전의 국내 시판이 허용되자 적자를 흑자로 전환시킬 수 있었다.

'그래, 핵심은 기술이다!'

이병철은 첨단 기술의 중요성을 다시 한 번 절감했다.

프로젝트 4

　흑자 전환에 성공한 삼성전자는 잔치 분위기에 휩싸였다. 이병철도 기분이 좋았다. 그러나 100퍼센트 만족할 수는 없었다. 하루라도 빨리 시장의 전세를 역전시키고 싶었다. 이병철은 내친 김에 제일 먼저 컬러텔레비전을 시장에 선보일 수 있도록 기술 개발을 추진했다. 라이벌 업체들이 흑백텔레비전 시판에 열을 올리고 있는 틈을 이용해 컬러텔레비전 개발을 했다. 덕분에 1974년 선발 업체들을 따돌리고 국산 컬러텔레비전 1호를 생산해 내는 데 성공했다. 이병철은 드디어 뒤집기 한판승에 대한 자신감이 생겼다. 그런데….

"컬러텔레비전 방송이 또 미뤄졌습니다."

"또? 대체 언제까지 미루겠다는 겁니까. 정부에서 이번에는 뭐라고 말했습니까?"

"아직은 때가 아니라는 말만 합니다."

"때가 아니긴! 컬러텔레비전 방송에 대한 정부의 규제와 간섭이 없다면 한국 전자 산업은 적어도 3년 내지 5년은 앞섰을 거요."

　컬러텔레비전을 개발하면 무얼 하겠는가. 수익을 보려면 컬러텔레비전 방송을 시작해야 하는데, 정부가 걸림돌이었다. 정부는 계속 흑백텔레비전 방송을 고수했다.

"우리 농촌에는 흑백텔레비전도 못 보는 가정이 아직 너무 많습니다. 우리가 좀 더 잘살게 된 뒤 컬러텔레비전을 시판해도 늦지 않을 것입니다."

　이견은 당연했다. 정부는 정치적인 지지 기반인 농민들을 생각할 수밖에 없었고, 이병철은 후발주자로서 선발주자를 따라잡을 방법을 먼저 생각할 수밖에 없기 때문이었다.

삼성에게 절호의 기회가 온 것은 1981년! 드디어 컬러텔레비전 시대가 개막했다. 삼성은 절전형 프리볼트 텔레비전인 '이코노빅'을 내놓아 승리의 깃발을 잡았다. 이코노빅은 전력난에 시달리던 당시 상황과 잘 맞아떨어지는 제품이었다. 덕분에 삼성은 1984년 국내 텔레비전 시장에서 처음으로 1위에 올랐다.

맞수인 금성은 이에 더욱 자극을 받아 신기술에 발 빠르게 대응했다. 두 회사의 40년 전쟁은 컬러텔레비전, 액정표시장치(LCD) 텔레비전, 플라스마디스플레이패널(PDP) 텔레비전 등을 거치며 지금은 전자를 중심으로 거의 모든 분야로 확대됐다. 특히 2000년대에 들어서면서부터는 디스플레이 분야에서 새로운 경쟁이 시작돼 지금까지 삼성디스플레이와 LG디스플레이 모두 글로벌 1위를 놓고 엎치락뒤치락하고 있다.

미래 산업의
총아를 만나다

반도체가 뭐길래

이코노빅이 불티나게 팔려나가던 1982년 3월. 이병철은 보스턴대학교를 찾았다. 경영학 박사 학위를 받기 위해서였다.

"국토가 좁고 자원도 부족한 한국에서 수십 개의 회사를 세워 한국의 놀라운 경제 성장을 이끈 성과는 그 어떤 말로 칭찬해도 충분치 않습니다. 우리 대학의 모든 교수가 엄격하고 공정한 과정을 거쳐 뽑은 세계 여러 나라 후보들 중에서 귀하가 가장 적임자라고 결정했으니 받아주시길 바랍니다."

보스턴대학교 측의 정중한 요청에 이병철도 더 이상 사양할 수 없었다.

이병철은 사실 초등학교부터 대학교까지 중퇴만 네 번을 해서 졸업장은 한 장도 없었다. 그런데 박사 학위를 받는다니 어쩐지 민망하기도 하고 감회가 새로웠다.

150년 전통을 가진 학교에 들어서니 한국경제인협회 회장이 되어 가장 먼저 미국을 찾았던 때가 생생하게 떠올랐다. 그때 그는 한국이 투자처로서 유망하다는 걸 증명하려고 백방으로 애를 썼다. 당시엔 국력이 약해 수모도 많이 당했는데, 이제는 세상이 달라져 있었다. 학교 관계자들은 정중한 태도로 이병철을 맞아주었다.

명예 학위식이 열린 4월 2일을 '이병철의 날'로 정했고, 아침부터 저녁까지 기념행사를 진행했다. 200여 명의 유력 인사들이 오찬에 참가했고, 그 자리에서 존 실버 총장은 레이건 미국 대통령, 케네디 상원의원 등의 축전을 소개했다. 워싱턴포스트지는 "한국의 록펠러(미국의 전설적인 사업가)가 미국을 방문하다"라는 제목으로 인터뷰 기사를 실었다. 이병철은 한국의 경제 발전과 삼성의 성장이 갖는 위력을 체감하면서 가슴이 뭉클해졌다.

이병철은 비행기 멀미가 심했다. 그래서 미국에는 18년 만에 처음으로 왔다. 어렵게 온 만큼 많은 것을 보고 경험하고 싶었다. 아메리카은행, 시티은행, GE 등 손꼽히는 회사의 최고경영자들을 만나 폭넓은 대화를 나누었다. 또 캘리포니아주의 실리콘밸리, IBM과 휴렛팩커드의 컴퓨터 반도체 공장 등을 돌아보았다.

5년 전, 위암 수술을 받으면서 그는 생각했다.

'해야 한다고 마음먹은 사업은 거의 모두 도전했고, 또 성공했다. 그 이상을 바라는 것은 과용이다.'

그러나 젊은이들의 싱싱한 에너지가 넘치는 실리콘밸리를 둘러보니 어느새 일흔을 훌쩍 넘어선 이병철의 가슴에 다시 열정이 샘솟았다. 이병철

프로젝트 4

이 가장 충격을 받은 것은 휴렛팩커드의 사무실이었다.

"이곳이 사무실이란 말입니까?"

사무실 문을 연 순간 이병철은 할 말을 잃었다. 회사 직원들이 책상 위에 놓인 컴퓨터 하나로 계산, 기획, 보고까지 거의 모든 일을 해내고 있었다.

"저희는 처음에 작은 지하실에서 단 1,000달러 자본으로 시작했습니다."

"그런데 이렇게 큰 회사가 됐군요. 관리자들이 책상 위에 놓은 조그마한 컴퓨터 하나로 모든 일을 해내니 그 능률이 대단하겠습니다."

"다 반도체 덕분이죠."

안내를 맡은 중역이 자랑스럽게 말했다.

"반도체라…."

반도체에 관해서는 늘 신문 기사를 놓치지 않았고 많은 자료를 보았다. 그런데 세계에서 가장 앞선다는 나라, 미국에서 두 눈으로 직접 확인하니 정신이 확 들었다.

이병철은 셋째 아들 이건희를 떠올렸다. 이전에 반도체 사업을 하고 싶다는 이야기를 한 적이 있었다. 그때 이병철은 "아직은 시기상조다. 앞으로 눈여겨보자"라고 말했다. 그런데 이병철은 눈앞에 펼쳐진 광경을 보고 생각이 바뀌었다. 반도체가 예상했던 것보다 빠르게 핵심 산업으로 부상하리라고 직감했다.

'손톱만한 반도체가 대체 뭐길래!'

숙소에 돌아와서도 휴렛팩커드의 사무실 풍경이 계속 머릿속에서 떠나질 않았다. 며칠 뒤 이병철은 아이비엠(IBM)의 반도체 공장을 방문했다. 반

미래 산업의 총아를 만나다

도체 공장 어디를 가더라도 사람들은 병원 수술실에 있는 사람처럼 흰 가운을 입고 작업을 하고 있었다. 이병철의 눈에는 모든 것이 이채로워 보였다.

"세계 여러 지역에 아이비엠 공장이 있었지만 고도의 기술이 필요한 반도체와 부품을 이곳에서 만들어 세계에 공급하고 있습니다."

"흰 가운은 왜 입는 거지요?"

"반도체 생산이 진공 상태에서 이루어지기 때문입니다."

아이비엠은 모든 공정이 자동으로 이루어져서 눈치 빠르고 손재주가 좋은 일본 사람들도 이 반도체 기술을 흉내내지는 못한다고 자랑했다. 이병철은 그들의 자신감이 부러웠다.

미국에서 돌아오자마자 이병철은 반도체 사업 기획안을 만들라고 지시했다. 7개월 만에 16절지 100매에 이르는 기획안을 손에 받을 수 있었다. 기

프로젝트 4

획안에는 아이비엠이 자랑했던 것과 달리, 반도체 중 메모리 분야는 오히려 일본이 미국보다 앞선다는 내용이 들어 있었다. 이병철은 눈이 번쩍 뜨였다.

"일본이 미국보다 앞선다면 우리도 할 수 있지 않을까? 메모리 반도체 생산에는 정교한 손기술이 필요해. 젓가락을 쓰는 우리나라 사람들의 손재주와 일본인의 손재주는 다를 게 없지."

도쿄 선언

1983년 2월, 일본 도쿄의 오쿠라호텔. 이병철은 이곳에서 하얗게 쌓인 눈을 보며 조용히 새해를 맞곤 했다. 또 무언가 깊이 생각할 때에도 이곳을 찾았다. 이번에 그를 생각에 잠기게 한 주제는 '반도체'였다.

한국을 떠나오기 전, 임원들과 참모진은 모두 이병철의 선택을 만류했다. 이병철은 그들에게 이렇게 말했다.

"돈벌이만 하려면 반도체 말고도 많습니다. 그런데 왜 이렇게 고생하고 애를 쓰냐고요? 반도체는 국가적 사업이고 미래 산업의 총아이기 때문입니다."

"그 뜻은 잘 알겠습니다만, 투자 금액이 엄청난 데 비해 상품의 수명은 너무 짧습니다. 아시다시피 한발 아니 반걸음만 늦게 개발해도 그 제품은 시장에서 곧바로 도태하고 맙니다."

결국 문제는 돈이었다. 한 개 라인을 건설하는 데 무려 1조 원이나 들었다.

'내 나이 일흔넷. 내가 책임질 수 있을까?'

이병철은 고민할 수밖에 없었다. 그 나이에 새로운 사업을 한다는 건 말처럼 쉽지 않았고, 지금까지 수많은 위기를 넘겨온 삼성이었지만 이번에 잘못되면 재기할 수 없을 정도로 무너질 수 있었다. 그런 모든 위험에도 불구하고 이병철은 시기적으로는 '반도체'를 선택하는 것이 적절하다고 확신했다.

자신이 머물고 있는 일본은 경제 발전 단계를 이해하는 가장 좋은 교과서였다. 일본은 이전 해보다 100억 달러 이상의 무역 흑자를 기록하고 있었다. 불과 20억 달러에 지나지 않았던 일본이 이런 성장을 한 것은 반도체 덕분이었다.

한때 제철, 조선, 석유 화학, 시멘트, 섬유 등 일본의 기간산업은 치열한 경쟁으로 품질을 향상시키고 수익을 증대시켰다. 그러나 곧 과다한 경쟁과 소비량보다 많은 생산량으로 경쟁력을 잃고 말았다. 기업이 도산하고 수출 시장에서는 덤핑 문제로 곤란을 겪었다. 부존자원(경제적 목적에 이용할 수 있는 천연 자원)이 없는 일본은 원료 수입을 하고 제품을 만들어 수출을 해야 하는데 각국과 무역 마찰을 빚으니 더욱더 설 자리가 없었다. 이런 일본 경제에 전환점을 마련해준 것은 '오일쇼크'였다. 오일쇼크를 견뎌내기 위해 일본 정부는 기간산업의 생산 규모를 제한하기 시작했다. 대신 반도체, 컴퓨터, 신소재, 광통신, 유전 공학, 우주, 해양 공학 등 부가가치가 높은 첨단 기술 분야로 전환하는 길을 선택했다. 그 결과 수출이 획기적으로 늘고 외화 수입은 급증하였던 것이다.

'한국도 일본처럼 부존자원이 적다. 수출이 생명인데 이미 경공업은 개발도상국에게 추격당하고 있고, 중화학 제품은 조선이나 제철 같은 일부 품목을 제외하고는 선진국의 제품들과 경쟁이 되지 않아. 우리는 반도체로 미래를 대비해야 한다.'

이병철이 새로운 사업을 할 때 고려하는 기준은 명확했다. 첫째, 국가적으로 필요한 것인가? 둘째, 국민에게 오는 이익과 손해는 무엇인가? 셋째, 세계 시장에서 경쟁력이 있는가? 이런 기준에 비추어 보아도 반도체를 선택할 수밖에 없다는 결론에 이르자 그는 전화기 쪽으로 향했다.

"홍진기(당시 중앙일보 사장) 회장을 연결해주게."

같은 시간 홍진기는 서울에서 삼성전자 사장인 강진구와 만나 이야기를 나누고 있었다.

"철강 1톤을 생산하면 그 부가가치가 20원밖에 되지 않지만 1톤짜리 자동차를 생산하면 500만 원의 부가가치가 발생합니다. 컴퓨터를 1톤 분량만큼 생산하면 3억 원의 부가가치가 발생하는데 반도체를 1톤 생산하면 무려 13억 원의 부가가치가 발생하지요. 그야말로 '마법의 돌'이 아닙니까?"

홍진기의 말에 강진구는 볼멘소리로 말했다.

"그거야 다 알지요. 문제는 계속해서 투자해야 하는 개발비입니다. 회장님은 남들보다 빨리 개발해 시장에 내놓으면 천문학적인 이익을 얻을 수 있다고 우기시니 미치겠습니다."

언제나 사전 조사 자료를 바탕으로 내린 실무진의 의사를 존중해온 이병철이 처음으로 고집을 부리고 나서니 실무진의 걱정은 하루하루 쌓여만 갔다. 강진구가 하소연을 하는데 전화벨이 울렸다. 두 사람은 자신도 모르게 움찔했다.

"홍 회장, 나입니다."

이병철이었다.

"아! 예, 회장님! 그곳은 새벽 6시 아닙니까? 이 시간에 어쩐 일로…."

"누가 뭐라고 해도 삼성은 반도체 사업을 할 것입니다. 중앙일보에 이 소식을 실어주시겠습니까? 중앙일보를 통해서 세상에 가장 먼저 알리고 싶습니다."

중앙일보는 삼성이 만든 신문이었다. 이병철은 자신이 반도체 사업을 하려는 뜻을 가감 없이 그대로 실어줄 수 있는 중앙일보를 통해서 이 소식을 알리고 싶었다.

홍진기는 강진구를 보았다. 그는 이미 수화기 너머에 이병철이 있음을, 그리고 그가 어떤 말을 했는지를 짐작한 듯했다.

"회장님의 결심이 그러하시다면 따라야지요."

홍진기는 결의에 찬 눈빛을 하고 말했다.

1983년 3월 15일자 중앙일보에는 삼성의 새로운 도전을 밝힌 기사가 실렸다. 이른바 삼성의 '도쿄 선언'이었다.

신화의 시작

　　　　　　　　　　삼성의 도쿄선언에 대한 세상의 반응은 냉담했다. '인텔'은 이병철을 과대망상증 환자라고 비꼬았다. 그렇지만 이병철은 담담하게 반도체 사업을 추진했다.

"삼성이 이번에 반도체에 대규모 투자를 한 것은 충분한 투자 여력이 있어서만은 아닙니다. 오로지 우리나라의 반도체 산업을 성공시켜야만 첨단산업을 꽃피울 수 있다고 확신했기 때문에 삼성의 모든 가용 자원을 총동원해 이 사업의 추진을 결심했던 것입니다."

이병철은 일을 시작하기 전에는 수많은 조건을 고려하고 계산했지만 결정을 하고 나면 단박에 밀어붙였다. 우선 미국의 반도체 벤처 기업인 '마이크론', 일본의 '샤프'와도 기술 제휴를 맺었다. 또 우수한 반도체 전문가를 영입하는 데 공을 들였다. 그렇게 해서 진대제, 권오현, 황창규 등을 삼성에 영입했다.

"반도체 첫 생산 품목으로 '64K D램'을 선택하는 것이 좋겠습니다. 64K D램은 미국에서만 생산하고, 일본에서는 생산하지 않는 품목입니다."

반도체 전문가들이 의견을 냈다. 64K D램은 새끼손가락 손톱 4분의 1 크기에 15만 개의 트랜지스터를 심어 8만 개의 선으로 연결하는 초정밀 기술 제품이었다. 여기에는 8,000개의 글자를 저장할 수 있었다.

곧바로 기술팀은 64K D램 개발에 들어갔고 다른 한편에선 공장을 지을 터를 선택하고 공장을 짓기 위한 작업에 들어갔다. 공장터는 경기도 용인

시에 있는 기흥구로 최종 결정했다. 터를 결정하자 이병철이 말했다.

"6개월 만에 공장을 지어야 합니다."

"회장님, 이건 제일제당이나 제일모직과는 다릅니다. 선진국에서도 18개월이나 걸리는 공사를 어떻게 6개월 만에 마치겠습니까?"

"반도체는 제때를 놓치면 공사장의 돌보다 못합니다. 제 값을 받으려면 그 방법밖에는 없어요. 공장이 완공되면 6개월 안에 64K D램을 생산해야 합니다."

1년 안에 모든 것을 끝내겠다는 그의 목표에 따라 전 직원이 힘을 모았다. 공장 건설은 밤낮없이 진행되었다.

64K D램을 개발하려면 4K, 16K, 32K의 세 단계를 거쳐야 했다.

"머리카락 굵기의 50분의 1 정도의 선을 자유롭게 다루어야 하는 초정밀 기술을 그렇게 간단히 따라잡을 수 있다고 생각하는 것 자체가 말이 안 됩니다."

반도체에 뛰어든 일본은 삼성이 64K D램을 개발하려면 적어도 20년은 걸릴 것이라며 비웃었다. 그런데 세상을 깜짝 놀라게 할 기적이 일어났다. 이병철과 삼성 직원들은 반도체 사업에 뛰어든 바로 그해 64K D램 개발을 완료한 것이다. 미국과 일본에 이어 세계에서 세 번째 개발! 12월 12일 삼성은 64K D램을 처음으로 수출했다. 공장도 지어지지 않았을 때였다.

"우리는 미국, 일본보다 10년 이상 뒤졌던 반도체 기술 수준을 4년 정도로 좁히는 데 성공했습니다. 이것은 모두 여러분이 열심히 일해준 덕분입니다."

프로젝트 4

　이병철은 눈시울이 뜨거워졌다. 그의 나이 74세 때였다. 동서양을 통틀어 70대의 나이에 자신의 재산과 기업의 운명을 걸고 새로운 사업에 뛰어든 기업인은 드물었다. 이병철은 나이란 숫자에 불과하다는 것을 몸소 보여주었다.
　반도체는 바로 수익을 볼 수 있는 산업은 아니었다. 그러나 이병철은 장기적인 안목을 갖고 투자를 선택했고, 마침내 그 선택은 삼성을 글로벌 기업으로 만드는 초석이 되었다. 삼성과 금성사의 눈에 보이지 않는 전쟁의 우위를 갈라놓은 것도 반도체였다.
　삼성이 반도체 신화를 써 나가자 금성도 곧 이어 반도체 사업에 뛰어들며 삼성 추격에 나섰다. 그러나 2003년 외환위기 이후 엘지전자('금성'의 오늘날 이름)는 반도체를 포기했다. 두 기업은 많은 분야에서 세계 1, 2위를 다투며 경쟁하고 있지만, 현재 두 그룹의 매출 규모는 삼성(314조 원)이 엘지전자(142조 원)를 두 배 이상 앞서고 있다.

미래 산업의 총아를 만나다 **107**

이병철의
성공법칙
❹

미래를 읽는 독서 습관을 길러라!

1940년대 말. 신문과 콜라를 판매하는 아르바이트로 1만 달러를 모아 열아홉 살 나이에 투자의 세계로 뛰어든 소년이 있었다. 그는 1956년에 투자 회사를 설립해서 뛰어난 투자 실력과 기부 활동으로 주목을 받았다. '오마하의 현인', 투자의 귀재로 불리는 워렌 버핏의 이야기이다. 그렇다면 그의 성공 비결은 무엇이었을까? 그는 하루의 3분의 1을 자료와 책을 읽는 데에 썼다.

"나는 아침에 일어나 사무실에 나가면 자리에 앉아 책을 읽기 시작한다. 읽은 다음 여덟 시간 통화하고, 읽을거리를 갖고 집으로 와서 저녁에 또 읽는다."

이병철 할아버지도 독서를 많이 했다. 그런데 특이하게도 경영서보다는 소설, 각종 연구 보고서, 기획 기사 등을 좋아했다. 반도체 사업을 하게 될 무렵에도 한 기사를 읽고 새로운 사업을 구상했다.

그 기사는 니혼게자이신문의 자매지인 닛케이비즈니스가 실시한 〈일본 톱 기업 100개 사의 과거 100년간 성쇠 조사(1983년 9월 19일 발행호)〉였다. 이 조사 결과에 따르면 9회 연속 이 랭킹에 오른 회사는 100개 중 두 개에 불과했다. 이병철 할아버지는 이 조사 결과에 충격을 받았다. 인간뿐 아니라 기업도 태어나고, 성장하고, 소멸하고 있었다.

'그럼 랭킹에서 살아남은 기업은 어떻게 했을까?'

분석해보니 시대의 흐름을 읽고 앞서 변신을 주도한 기업만이 살아남았다. 원래는 섬유 회사로 이름을 날리던 '가네보'는 섬유 산업이 쇠퇴하기 전 화장품과 의약, 화학 분야로, 시계 회사인 '세이코'는 전자, 과학 기기 분야로 변신을 했다.

이병철 할아버지는 이렇게 '읽기'를 통해 반도체 사업에 진출할 필요성을 더욱 절감했다.

성공한 사람들은 특별한 사람들이 아니다. 그들에게는 특별한 습관이 있을 뿐이다. 습관은 누구나 노력만 하면 자신의 것으로 만들 수 있다. 독서 습관도 마찬가지이다.

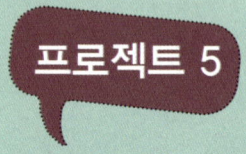

서비스의 신세계를 열다

국가의 체면을 지키려면 국제적인 수준에 도달하고
그 국가의 문화와 국민성을 상징하면서
고객을 만족시키는 서비스가 필요하다.

프로젝트 5

대한민국의
얼굴을 짓다

영빈관을 사시오

해외에 갔을 때 그 나라의 첫인상을 좌우하는 것은 무엇일까? 바로 공항과 호텔이다. 특히 호텔은 그 나라의 경제와 문화 수준을 알 수 있는 척도이다. 호텔의 시설과 서비스의 질은 그 나라의 저력을 그대로 보여준다. 역사가 길고 문화 수준이 높은 나라의 호텔은 시설이 호화롭지 않아도 품위가 있고 모든 것이 조화롭다. 서비스를 하는 종업원들도 예의가 바르고 친절하다.

지금은 서울뿐 아니라 전국에 크고 작은 수많은 호텔이 운영되고 있다. 그런데 그 무수한 호텔이 갖춘 서비스의 시조를 꼽는다면 그것은 바로 '신라호텔'이다. 신라호텔은 우리나라에 서비스라는 개념이 전무하던 시대에 '서비스의 신세계'를 보여주고자 한 이병철의 작품 중 하나이다.

삼성의 전자 산업이 이제 막 흑자로 전환하고 제자리를 잡아가던 1973년.

어느 날 한 정부 관계자가 찾아왔다.

"이 회장님, 새로운 사업 하나 해보시지요."

정부 관계자는 큰 인심을 쓰듯이 말했다.

'이번엔 또 무슨 일을 떠안으라는 것일까?'

기업을 하면서 그동안 수도 없이 겪어온 일이었다. 물론 이병철은 국가에 도움이 되는 일이라면 발 벗고 나서왔고 앞으로도 그럴 참이었다. 그러나 때로는 국가의 이름으로 무리하게 들이미는 일들도 적지 않았던 터라 달갑지만은 않았다.

"저야 늘 새로운 사업에 관심을 가지고 있습니다. 그런데 아시다시피 제가 할 수 있는 일이 있고 할 수 없는 일이 있습니다."

"이건 회장님이 분명히 크게 성공시킬 일입니다."

"…."

"정말입니다. 회장님이니까 특별히 제안을 드리는 겁니다."

"무슨 일인지 먼저 말씀해주십시오."

머쓱해진 상대는 대뜸 서류를 하나 내밀었다.

"영빈관을 사시죠."

"영빈관을요?"

영빈관은 서울 장충동에 있는 국빈 전용 숙소였다. 이승만 대통령 시절에 국빈들을 모시기 위해 짓기 시작했다가 4·19혁명과 5·16군사정변을 거쳐 7년 만에 어렵게 완공한 국내 유일의 특급 숙소였다. 독일 대통령 등 국빈들이 올 때마다 영빈관에 머무르고는 했다.

프로젝트 5

"영빈관을 왜요?"

"세계 경제가 호전될 기미를 보이고 있습니다. 앞으로 관광 시대가 열릴 것입니다. 우리나라도 공업화가 급속히 진행되고 있는 만큼 해외 바이어들의 방문도 잦아질 게 아닙니까? 여러 각도에서 검토해본 결과 고도의 전문 지식과 기술을 갖춘 일류 호텔이 있어야 하는데, 이 일은 이 회장님이 적임일 거라는 결론을 냈습니다."

정부 관계자는 영빈관을 사서 일류 호텔로 바꾸면 삼성에게 큰 도움이 될 것이라며 이병철을 구슬렸다.

"글쎄요. 내 전문 분야가 아니라서요."

이병철이 관심을 보이지 않자, 정부 관계자가 이번에는 강하게 나왔다.

"이게 다 국가를 위한 일입니다. 앞으로는 1,000명 이상이 국제 회의를 할 수 있는 장소가 꼭 필요합니다."

이병철은 정부 관계자의 돌변한 태도를 보니 오히려 인수하고픈 마음이 사라져갔다.

"정부 입장은 잘 알겠습니다. 그렇다면 더더욱 이 방면에 능통한 다른 기업에서 해야 할 것 같군요. 그럼 이만 가보겠습니다."

"회장님, 잠시만요! 영빈관을 정부에서 운영하니 문제가 있습니다. 1년에 몇 번 사용도 못 하는데, 유지 비용은 비용대로 듭니다. 다른 기업들도 활용할 수 있도록 하면서 우리나라 얼굴이 될만한 시설을 짓고자 하는 것입니다. 그것도 일류로 지어야 합니다. 도와주십시오."

다급해진 정부 관계자가 허세를 버리고 정중하게 부탁하기 시작했다. 사실 이병철은 호텔 사업에 전혀 마음이 없는 것은 아니었다. 정부 관계자의 고압적인 태도가 마음에 들지 않았을 뿐이었다.

1973년 당시 우리나라는 급속도로 공업화가 이루어진 데 반해 서비스 산업은 아직 눈조차 뜨지 못했다.

'호텔도 어떤 의미에서는 민간 외교다. 최고의 서비스를 제공하는 호텔 건설은 뜻깊은 일이야. 앞으로는 서비스의 시대가 올 것이고, 여기에 우리가 기준을 마련할 수 있다면 그 또한 보람찬 일이 될 것이다.'

이병철은 고개를 끄덕였다.

"그렇다면 긍정적으로 검토하겠습니다."

대한민국 대표 호텔

이병철은 정부로부터 영빈관을 구입해서 운영하는 한편, 호텔 경영을 계획했다. 호텔 부지는 영빈관이 있는 남산 기슭으로 정했다.

"이곳에서 내려다보는 서울의 야경은 홍콩이나 고베, 마닐라의 화려한 야경과 비교해도 손색이 없겠어."

그는 직접 부지를 둘러보고 만족했다. 정부 요청에 의해 시작한 일이기는 했지만 호텔 사업은 이병철에게 아무도 걷지 않은 하얀 눈길 위를 걸을 때의 설렘과 흥분을 안겨주었다.

프로젝트 5

"시설, 서비스, 요리 어느 것 하나도 세계 일류 호텔에 뒤져서는 안 됩니다."

이병철이 호텔에 대해 기본적으로 갖는 생각은 늘 그랬듯이 '최고', '일류'였다. 그런데 사업을 구체적으로 그리면 그릴수록, 최신식 시설과 설계 등을 포함한 기획안을 보면 볼수록 무언가 빠진 듯했다.

'빠졌어, 정말 중요한 무엇이…'

그러다가 머릿속에 '오쿠라호텔'이 스쳤다. 그는 늘 신년을 그곳에서 하얀 눈을 보며 맞이했다.

'거꾸로 내가 오쿠라호텔을 높이 평가하는 이유를 생각해보자.'

오쿠라호텔의 외관과 내부 시설은 일부는 서양식이었지만 현관에 들어서면 어떤 사람이든 일본에 왔다는 것을 실감할 수 있도록 일본식 분위기를 연출한 것이 무척 인상적이었다.

이병철은 평소 친분이 있던 일본 건설 회사 대표에게 전화를 걸었다.

"회장님, 혹시 오쿠라호텔의 노다 회장님과의 만남을 주선해주실 수 있습니까?"

지금도 우리나라 사람들은 종종 감정에 치우쳐 일본 문화를 폄하하곤 한다. 또 그들을 본보기로 삼는 일 자체를 수치스럽게 생각하거나 비난하기도 한다. 당시에는 그런 경향이 지금보다 몇 배나 심했다. 그러나 이병철은 냉철했다.

'본받을 점은 본받아야 해. 그러나 답습하는 것이 아니라 더 뛰어나게 우리 것으로 만들어야 한다. 그것이야말로 진정한 승자가 되는 길이지.'

건설 회사 대표의 주선으로 그는 오쿠라호텔의 노다 회장을 만날 수 있었다.

"우리 호텔 로비는 헤이안 시대(794년~1192년)의 문화를 그대로 재현해서 고대 일본의 문화적 정취가 감돌 수 있도록 꾸몄습니다."

노다 회장은 흔쾌히 호텔 경영에 대한 노하우를 들려주었다. 그리고 충고도 덧붙이는 걸 잊지 않았다.

"호텔을 세우신다면 외양적인 아름다움을 내부로 응집해야 합니다. 한국의 전통미와 예술이 짙게 배어 있어야 외국인들을 사로잡을 수 있습니다."

이병철은 무릎을 쳤다.

'그렇다! 무조건 최신식으로 짓는다고 여행객들이 좋아할 리 없다. 세계 어디를 가든 그 나라를 알고 싶어 하는 것이 여행자들의 마음이 아니겠는가?'

한국에 돌아와 이병철이 지은 호텔 이름은 신라호텔! 신라는 3국으로 분열되어 있던 나라를 하나로 통일해서 찬란한 문화를 꽃 피웠다. 신라호텔도 그런 정신을 계승하고자 했다. 이병철은 가장 화려하고 예술적인 호텔을 지어 국빈은 물론이고 한국을 방문하는 해외 관광객들에게 한국 전통문화의 아름다움을 제대로 전하고 싶었다. 설계를 할 때에도 수많은 전문가들의 의견을 수렴했다.

그러나 문제가 또 있었다. 고객을 맞이하는 예절과 요리사의 실력 등은 하루아침에 얻을 수 없었다. 이제 막 먹고 사는 걱정을 던 한국 사람들에게 '서비스'라는 개념은 너무나 어려웠다. 오쿠라호텔만 해도 호텔 서비스와 경영 노하우에 대한 1,400여 가지의 내규를 갖고 있다고 했다.

'이렇게 해서는 호텔을 원하는 시간에 열 수 없어. 아니, 열어도 만족스러

운 서비스를 선보일 수 없다.'

고민하던 이병철은 다시 노다 회장에게 도움을 청하기로 했다.

"회장님, 우리 신라호텔은 오쿠라호텔과 제휴를 하고 싶습니다."

"제휴요? 그것이…."

"망설이시는 이유가 무엇인지요?"

"그동안 한국의 많은 기업들이 저희 오쿠라호텔과 제휴를 하길 원했습니다. 그런데 그때마다 거절해왔지요."

"그럼 저희가 짓고 있는 호텔에 한번 와보시고 결정을 하시지요."

노다 회장은 한국을 직접 방문해 신라호텔의 필요성과 장래성, 신용도를 직접 조사했다. 그러는 동안 노다 회장은 이병철의 열정에 감동하고 말았다.

"조건은 훌륭합니다. 그런데 사업적인 조건보다도 회장님 열정에 제가 졌습니다. 신라호텔이 세계 최고의 호텔이 될 수 있도록 힘껏 돕겠습니다."

산고 끝에 탄생한 신라호텔

"새로운 사업을 하려고만 하면 꼭 이렇게 난관이 닥치니 미치겠습니다."

회의 시작 전. 임원들끼리 넋을 놓고 하소연을 했다.

신라호텔은 1973년 가을, 지상 23층, 지하 3층의 규모로 착공했다. 그런데 신라의 우아한 품위와 향기를 재현하겠다는 야심찬 프로젝트가 이병철의 열정에 힘입어 순조롭게 진행되는 듯하더니만 암초를 만나고 말았다. 바로 전 세계 경제를 뒤흔든 제1차 오일쇼크였다. 중동 산유국들이 이스라엘과 친하게 지내는 나라에는 석유를 공급하지 않겠다면서 석유 공급량을 점점 줄여나갔다. 석유값이 치솟자 경제 위기가 닥쳐왔다. 해외에서 자금을 조달할 수도 없었다. 호텔을 짓기 위한 자재와 인력에도 문제가 발생했다.

그러나 이병철은 흔들림이 없었다. 그동안 숱한 어려움들을 겪어내며 쌓은 내공 덕분이었을까?

"세상을 살아가다 보면 뜻하지 않은 불행이 찾아오는 경우가 많습니다. 일이 잘되면 오히려 불행을 각오해야지요. 기쁨 뒤에는 반드시 슬픔이 따르기 마련입니다. 일단 기다립시다."

이병철은 함께 어려움을 견뎌내자고 임원들을 위로하고 격려했다.

"떫은 감도 정성을 들이면 단감이 됩니다. 반대로 급히 서두르거나 정성을 들이지 않으면 감은 달지가 않아요. 단감을 만들기 위한 과정이라고 생각합시다."

3년이란 세월이 성과 없이 흘러가버렸고, 일시 중단했던 공사는 1976년에야 재개되었다. 그러나 이 역시 순탄하지 않았다. 중동 건설의 성황을 타고 국내에서는 건축 기술자들을 구하기가 어려웠다. 오일쇼크를 버텨내고 나서 이제 숨통이 트이나 했던 기대는 여지없이 무너졌다. 그래도 이병철은 건설 공사 상황에 대해 철저하게 보고받고 독려했다.

"한국의 얼굴입니다. 어떤 상황이 와도 처음 세운 뜻을 잊어서는 안 됩니다!"

프로젝트 5

그러던 중 가장 큰 위기가 찾아왔다. 이병철이 위암 선고를 받았다. 가족과 삼성 직원들에게 청천벽력 같은 소식이었다. 지금껏 평정을 유지하며 살아온 이병철도 죽음 앞에서만큼은 동요하지 않을 수 없었다.

'아! 내가 죽을 수도 있구나. 죽음을 맞기에는 너무 이르다. 10년만, 10년만 더 살 수 있으면 좋겠다.'

그해 가을 이병철은 수술대에 올랐다. 수많은 생각을 했지만, 막상 수술실에 들어갈 때에는 초연했다.

"본인이 암에 걸렸다는 사실을 알고 수술을 받는 사람은 100명 중에서 다섯 명밖에 안 됩니다. 회장님은 그중 다섯 명에 속합니다. 그런데 참 평온한 얼굴이시네요."

집도의의 말에 이병철은 엷은 미소만 띠었다.

'사람 목숨이란 하늘에 달린 것, 잘못된다고 해도 남들보다 조금 일찍 세상을 뜨는 것뿐이다.'

모든 것을 내려놓고 하늘에 맡기니 오히려 마음이 홀가분했다. 그리고 다행히도 수술은 성공적으로 끝났다.

안팎으로 수많은 어려움을 겪은 끝에, 1979년 3월 신라호텔이 문을 열었다. 착공한 지 6년 만이었다. 단아하면서도 화려한 자태를 자랑하는 남산 기슭에 있는 신라호텔을 보려고 구경꾼들이 몰려들었다. 신라호텔을 둘러본 사람들은 비로소 우리나라에도 호텔다운 호텔이 생겼다며 기뻐했다.

신라호텔은 현관 지붕에 청기와를 얹어 영빈관과 조화를 이루고 있었다. 내부에도 우리나라의 전통미가 곳곳에 살아 있었다. 로비, 커피숍, 라운지,

객실 등은 일월도, 장생도, 봉황도, 봉덕사 범종의 문양, 꽃격자 무늬 등을 활용해 꾸몄다. 대형 샹들리에의 금속 장식은 신라왕 금띠 모양을 그대로 본떠 투숙객들에게 마치 신라 왕궁의 주인이 된 듯한 기분을 선사했다. 무엇보다 녹색의 나무들을 보면서 계절 변화를 느낄 수 있도록 꾸민 정원은 신라호텔의 가장 큰 매력으로 보는 이들 모두의 찬사를 받았다.

신라호텔 내부는 700여 개의 객실과 동양·서양·한국식으로 꾸며진 식당, 1,000명이 넘는 인원을 수용할 수 있는 국제 회의실을 구비했다. 또 영어를 비롯해 6개국의 언어를 동시에 통역할 수 있는 시설을 준비해 외국 귀빈들을 맞이할 만반의 태세를 갖췄다. 이병철이 처음 구상했던 그대로 입이 벌어질만한 일류 호텔이었다.

"이 회장, 정말 멋진 호텔입니다."

오쿠라호텔의 노다 회장도 감탄하며 이병철에게 축하의 말을 건넸다.

밥알이 몇 개인가

건립 모토를 '호텔의 모든 문화를 바꾼다'로 삼은 신라호텔은 외관뿐 아니라 제공하는 서비스 수준 역시 최고였다. 문고리 하나까지도 챙기는 이병철의 완벽주의 덕분이었다. 이병철은 신라호텔이 모든 호텔 중에서 최고이기를 원했다.

특히 신라호텔의 조리부장은 틈만 나면 연수를 떠나야 했다. 그는 30대라는 젊은 나이에 모든 음식을 책임지는 조리부장에 올랐을 정도로 실력자였다. 특히 일식에 일가견이 있었는데, 오쿠라호텔 일식당을 비롯해 가락국숫집, 메밀국숫집, 복집에서 당대 최고의 요리사로부터 수십 차례에 걸쳐 비법을 전수받은 덕분이었다. 그런데도 이병철은 조리부장을 틈만 나면 연수를 보냈다. 일본의 한 초밥집에는 다섯 번이나 다녀오기도 했다. 조리부장은 솔직히 그런 이병철의 처사가 못마땅했다. 주방 식구들에게 가끔 볼멘소리를 하기도 했다.

"회장님이 초밥을 좋아하니까 그러시는 것 아닌가요? 그 초밥집이 60년 전통을 가지고 있다면서요?"

"그래봐야 몇 평 되지 않는 초라한 구멍가게예요. 솔직히 호텔 조리부장인 내가 그곳에서, 그것도 몇 번이나 들러 배울 것이 뭐가 있겠어요?"

그는 마음속으로 벼르고는 했다.

'회장님, 저는 이미 최고입니다. 언젠가 제 진가를 한번 보여드리죠!'

그러던 중 마침 이병철이 삼성그룹 중역들과 식사를 하기 위해 호텔에 들렀다. 조리부장은 마음을 단단히 먹고 초밥을 만들었다.

'오늘이야말로 제대로 된 초밥을 보여드리고 말겠어.'

조리부장이 이병철 앞에 초밥을 내놓고는 그의 표정을 살폈다. 이병철은 미식가였다. 그러나 결코 과식하는 법은 없었다. 초밥을 좋아했지만 기분 좋을 땐 여덟 개, 언짢을 땐 여섯 개만 먹었다. 접시에 먹음직스럽게 놓인 초밥을 천천히 음미하던 그가 조리부장에게 물었다.

"연수는 잘 다녀왔습니까?"

"예, 회장님."

"초밥에 대해 많이 배웠습니까?"

조리부장은 이때다 생각하고 그동안 익힌 지식을 술술 풀어놓았다.

"그럼요. 밥 무게와 생선 무게를 15그램으로 같게 하고, 온도는…."

조리부장의 말은 그 뒤로도 한참 이어졌다. 이병철은 조용히 경청하며 고개를 끄덕였다.

'이제 더 배울 것도 없습니다. 회장님!'

조리부장은 한껏 의기양양해져서 속으로 이렇게 말했다. 조리부장이 맛이 어떠냐고 물으려던 찰나, 이병철은 특유의 낮은 목소리로 물었다.

"초밥 한 점에 밥알은 몇 알입니까?"

"네… 네?"

이병철이 답을 듣기 위해 그를 쳐다보았다. 조리부장은 숨이 가빠지고 땀까지 배어나왔다. 이병철은 말이 별로 없는 사람이었다. 그러나 눈빛, 손짓 하나로도 상대를 제압하는 카리스마가 있었다. 직원들 사이에서 "회장님의 작은 몸짓은 백 마디 말보다 더 무섭다"라는 말이 돌 정도였다.

조리부장을 바라보는 눈빛은 '그래, 그만큼 다녀왔으면 이 정도는 알아야지'라고 말하는 것 같았다.

"솔직히 잘 모르겠습니다. 죄송합니다."

조리부장이 백기를 흔드는데도 이병철은 여전히 그를 쳐다보았다.

"지금 세보겠습니다."

당장 초밥을 물에 풀어헤치고 밥알을 한 톨 한 톨 셌다. 조리부장은 그룹의 총수 앞이라 집중하기가 어려웠지만 가까스로 셈을 마쳤다.

"320알입니다."

막상 세고 나니, 억울하다는 생각도 들었다.

'까짓 밥알 수가 뭐 그리 대단한가? 그걸 아는 요리사가 어디 있겠어?'

그런데 조리부장의 마음속 외침을 듣기라도 한 듯 이병철이 말을 이었다.

"낮에는 밥으로 먹기 때문에 초밥 한 점에 320알이 있지요. 하지만 저녁에는 술안주로 먹기 좋게 280알 정도가 있어야 정석입니다."

최고라고 자부하던 조리부장은 한없이 부끄러워졌다.

"요리에 장인 정신을 가지고, 어떤 일을 맡든 간에 최고가 되겠다는 마음을 가지십시오. 고객에게 제공하는 서비스에 자신의 이름을 거는 일, 그것이 일류가 되는 길이 아니겠습니까."

조리부장은 이후 절대 자만하지 않고 늘 배운다는 자세, 그리하여 최고가 되겠다는 자세를 잊지 않았다.

신라호텔은 삼성의 다른 사업들에 비해 수익을 많이 남기는 분야는 아니었다. 그러나 이병철이 목표했던 대로 사람들에게 호텔은 잠자는 숙소가 아니라 일종의 예술 작품이요, 문화 서비스라는 개념을 심어주는 계기가 되었다.

국민의 불안을
해결하다

서비스 정신의 시작, 보험

사실 이병철이 서비스에 대해 깊이 생각하기 시작한 때는 신라호텔을 짓기도 훨씬 전이었던 1963년 동방생명을 인수하면서부터였다.

"동방생명은 강희수 사장님이 타계하신 후 주주와 경영진들 간에 갈등을 겪어왔습니다. 이제 돌이킬 수 없습니다."

동방생명의 한 임원은 자신들이 처한 상황을 설명하며 삼성에서 인수해 줄 것을 부탁했다. 동방생명은 1957년에 세운 회사로, 생명보험업의 불모지였던 한국에서 직장인 대상 단체 보험 분야에서 승승장구, 1년 6개월 만에 생명 보험 업계 1위로 등극했다. 1959년에는 파격적으로 건강 진단 제도를 도입해 업계에서 독보적인 입지를 구축한 회사였다. 그런 회사가 파산하면 회사는 물론 보험 가입자들의 피해도 이만저만이 아닐 터였다.

프로젝트 5

보험업의 수준은 경제 발전의 단계에 비례한다. 당시 우리나라에는 동방생명 외에도 여섯 곳의 생명 보험사가 있었지만 도산한 곳도 있고, 가입자만 일방적으로 손해를 보는 일이 많았다. 국민들의 보험에 대한 인식도 턱없이 부족했다. 많은 아내들이 남편 이름으로 생명 보험에 가입하려고 하면 남편들은 화부터 냈다.

"이 여편네가 나 죽으라고 생명 보험에 든 거야?"

"먹고살기도 힘든데 받을지 못 받을지도 모르는 데다가 저축을 왜 해?"

보험금 지급 조건이 까다롭고 제때에 지급되지 않는 경우도 많아 생긴 인식이니 국민들만 탓할 일도 아니었다.

'보험의 원래 취지는 이런 것이 아닌데. 우리가 한번 제대로 된 보험 서비스를 펼쳐보자!'

이병철은 삼성의 수입 규모가 확대함에 따라 일찍부터 보험업의 필요성을 느끼고 있었다. 그러나 생명 보험이 아닌 손해 보험 쪽만 생각했는데 막상 각종 보고서를 보고 검토해보니 생명 보험에 흥미와 의욕이 생겼다.

"생명 보험 가입자는 저축 효과와 함께 불의의 사고를 대비할 수 있습니다. 앞으로 우리나라가 경제적으로 발전해갈수록 꼭 필요한 업종입니다. 또 공익적인 차원에서도 필요합니다. 은행에 못지않은 금융업으로 육성하기 위해 동방생명을 인수하고자 합니다."

이병철은 비서실에서 올린 서류를 검토하고 인수 결정을 내렸다.

이병철은 회사의 이익만을 높이기 위해 보험을 설계하고 약정을 만들거나 약속을 어기는 행위들이 보험 서비스를 사지로 몰아넣고 있음을 간파했다. 국민의 신뢰 회복이 급선무였다.

"보험금 지불은 어떤 일이 있어도 약정 기일 안에 지불하시오."

삼성의 경영진과 함께 생명 보험다운 생명 보험을 만들어보겠다는 각오로 많은 자금과 인재를 동방생명에 투입했다. 경영 혁신에도 온 힘을 기울였다.

그 사이 소득 수준이 높아지면서 보험의 필요성에 대한 사람들의 인식이 달라졌고, 동방생명은 여기에 맞는 보험 상품들을 제공했다. 그 결과 1984년에는 총 자산이 1조 원이 넘는 보험사로 성장했다. 세계적인 규모, 세계적인 보험 서비스를 갖춘 것이다. 1989년에 동방생명은 '삼성생명'으로 이름을 바꿨고 현재는 국내 생명 보험 업계를 선도하고 있다.

프로젝트 5

21세기의
극락을 만들다

서비스의 신세계

동방생명의 인수는 서비스업의 꽃이라 할 수 있는 백화점 경영으로도 이어졌다. 동방생명이 '동화백화점'의 주식을 모두 가지고 있었기 때문이다. 동화백화점은 일제 강점기에는 '미쓰꼬시백화점'이라고 불렸다.

"미쓰꼬시백화점에 관한 만공화상의 일화를 들어봤는가?"

이병철은 인수한 백화점을 둘러보러 가는 길에 비서에게 물었다.

"'진정한 극락이 이곳이다'라고 했다는 이야기 말씀이십니까?"

이병철은 고개를 끄덕였다. 달리는 차창 밖을 바라보며 생각에 잠겼다.

일화에 따르면 해방 전, 마곡사 주지였던 만공화상이 처음으로 미쓰꼬시백화점을 들렀는데, 감탄한 표정으로 젊은 승려들에게 "이곳이야말로 진정한 극락이 아니겠느냐"라고 했다고 한다.

이병철에게 이 일화는 백화점이란 무엇인가에 대해 깊이 생각하도록 했다. 이병철은 만공화상이 말한 '극락'이란 아마도 상품이 아니라 그 안에서 즐거워하는 사람들의 모습이었을 것이라고 결론을 내렸다. 자신도 소년 시절에 백화점을 구경했을 때 얼마나 행복했던가.

'삼성이 운영하는 백화점은 그런 행복을 전하는 곳이어야 한다.'

이병철은 자신의 생각을 실현하기 위해 철저한 경영 혁신, 서비스 교육을 단행했다. 동화백화점을 인수한 삼성은 얼마 후 '신세계백화점'으로 이름을 바꾸었다.

처음 인수했을 무렵의 백화점 모습은 지금과는 많이 달랐다. 진열장을 빌린 상인들이 각자의 품목을 파는 형태였기 때문에 품질 관리나 애프터서비스 등의 개념이 전무했다. 삼성그룹이 인수한 후에는 백화점을 직접 관리하고 경영하는 직영제로 바꾸었다.

"상품 지식이 풍부한 전문가가 품질을 잘 검토해서 상품을 구입하면 중간상에게 내야 하는 비용이 그만큼 줄어드니 소비자는 좀 더 저렴하게 구입할 수 있을 겁니다. 고객이 안심하고 좋은 품질의 상품을 구입할 수 있는 친절한 백화점을 만듭시다."

이병철은 삼성의 이름을 걸고 하는 백화점이니 삼성에 걸맞게 모두 최고의 제품과 서비스를 제공해야 한다고 강조했다.

"백화점은 호텔, 국제공항과 함께 그 나라를 대표하는 상징적인 존재입니다. 우리나라의 체면을 지키기 위해서도 세계적인 수준으로 만들어야 합니다. 직원들의 규율을 바로잡고 고객이 즐거운 쇼핑을 할 수 있는 백화점

프로젝트 5

이 되도록 합시다."

그는 모든 직원을 한자리에 모아놓고 철저하고 전문적인 고객 서비스 교육을 실시했다. 이런 엄격한 방침을 따르지 못하는 직원은 냉정하게 정리했다.

"기업을 운영할 때 노사 모두 절대로 사적인 감정에 사로잡혀서는 안 됩니다. 사적인 감정에 얽매이면 공적인 사명감을 소홀히합니다. 아무리 사

기업이라고 해도 공기업에 못지않게 국민에게 봉사해야 한다는 것을 잊지 마십시오. 사적인 감정은 기업은 물론 직원까지도 도태시킵니다."

완벽한 서비스를 통해 우리 땅 위에서 극락의 모습을 보여주려 했던 이병철! 그의 노력에 힘입어 신세계백화점은 삼성이 반도체 산업에 진출한 1984년에 영등포 분점을 개설했고, 이어 동방플라자도 개장했다.

최고의 모습으로 고객에게 사랑과 신뢰를 받는 보험, 백화점, 그리고 호텔! 반세기가 지난 지금도 그 명성이 빛나는 이유는 창업주 이병철의 '서비스 정신'을 임직원들이 꾸준한 노력으로 계승하고 있기 때문일 것이다.

이병철의
성공법칙
❺

가장 잘할 수 있는 일을 먼저 하라!

판타지 소설《해리 포터》는 역사상 성경책 다음으로 많이 팔린 베스트셀러이다. 이 소설의 작가 조앤 롤링은 성공하기 전까지 정말 힘든 인생을 살았다. 그녀는 영국의 한 작은 마을에서 태어나 지방 대학 불어불문과를 졸업하였다. 그 뒤 런던의 한 회사에 비서로 취직하지만 일보다는 상상에 빠져 있는 시간이 더 많아 얼마 못 가 해고당하고 말았다. 그녀는 집에서는 매 맞는 아내이기도 했다.

이 모든 상황을 견디다 못한 그녀는 돈 한 푼 없이 무작정 포르투갈로 도망쳐 영어 교사를 하는 동안 틈틈이《해리 포터》를 썼다. 가난한 이혼녀, 조앤 롤링은 자신의 소설을 복사할 돈이 없어 낡은 타자기로 원고를 두 번이나 쳤다. 원고를 들고 출판사를 찾아다녔지만 열두 군데에서 거절을 당했다. 그녀는 포기하지 않았다. 결국 작은 출판사에서 책을 출판할 수 있었고 세계적인 베스트셀러 작가가 되었다.

그녀의 성공 비결은 바로 잘할 수 있는 일을 포기하지 않고 했다는 것! 그녀는 한 인터뷰에서 이렇게 말했다.

"내가 뭔가를 해냈다는 사실이 기쁘고 딸에게도 자랑스럽습니다. 사실 나는 다른 일에는 별 쓸모가 없던 사람이었기 때문입니다. 비서로 일할 때도 그랬고, 남편과 같이 살 때와 교사로 재직했을 때도 주위 사람들이 나처럼 일을 못하는 사람은 처음 봤다고 생각했을 겁니다. 나는 매사에 서툴렀습니다. 잘하려고 할수록 더 헤맸으니까요. 하지만 이제 내가 잘할 수 있는 일을 깨달았고 그 일을 할 때 나는 참 행복합니다."

이병철 할아버지는 평생 동안 수많은 사업을 제안받았지만, 아무것에나 도전하지 않았다. 가장 잘할 수 있는 것, 가장 좋아하는 것, 다른 사람에게 도움이 될 수 있는 일을 고심하며 찾았다. 그중 호텔, 보험, 백화점 등과 같은 서비스 사업은 자신이 가장 잘할 수 있다고 확신하는 것 중 하나였다. 그리고 그 확신은 결코 틀리지 않았다.

2. 20세기를 산 21세기형 CEO의 선택

이병철은 어떤 사업을 해야 성공할 수 있을지, 어떤 사업이 많은 사람들에게 이익이 될지 꿰뚫어 보는 혜안이 있었다. 새로운 사업을 할 때는 무척 신중한 태도를 취했지만, 확신이 선 뒤에는 누구의 눈치도 보지 않고 밀어붙이는 승부사 기질도 가지고 있었다.

당시로서는 누구도 시도하지 않았던 전문경영인 제도, 사원 공개 채용, 예술 경영 등 선진적인 경영 제도를 도입했다. 한마디로 20세기를 산 21세기형 CEO였다.

그렇다면 그는 대체 언제부터 이런 사업가 기질을 가졌을까? 타고난 것일까? 사실 알고 보면 이병철도 한때 실패자였다. 혈기 왕성한 20대에 말이다. 그럼 무엇이 실패자를 승리자로, 그리고 21세기형 CEO로 만들었을까?

> 선택 1

20대의 실패를
평생 밑천으로 삼다

실패에서 중요한 점은
헛되게 세월을 보냈다는 데 있지 않고
그 경험을 어떻게 받아들이고
훗날 어떻게 살려내느냐에 있습니다.

학교가 작은 소년

신식 도련님 VS 시골뜨기

"신식 교육을 받아야 앞으로 큰일을 도모하지요."

"어허, 무슨 소리! 거기는 왜놈 말로 수업을 한다지 않습니까! 아무리 신식 교육이 좋아도 왜놈들 말로 배우게 할 순 없소."

집안 어른들끼리 팽팽한 의견 대립이 이어졌다. 방문 밖에서는 이병철이 초조한 표정으로 서성이고 있었다. 어른들의 회의 결과가 자신의 운명을 결정지을 테니 가만히 앉아 있을 수 없었다.

"그럼 손을 들어서 의견을 주시지요."

방 안에서 다시 소리가 들렸다.

"찬성하시는 분? 예, 알겠습니다. 그럼 반대하시는 분?"

'이것 참, 어찌 생각들을 하시는지 볼 수가 없으니 답답하다.'

이때 방안에서 아버지의 목소리가 들려왔다.

"그럼 여러 어르신들의 뜻에 따라서 저희 막내를 진주에 있는 신식 학교로 보내겠습니다."

'내가 신식 학교에 가는구나!'

이병철은 길게 땋아 내린 자기 머리를 만지작거렸다.

'신식 학교에 가면 이 머리도 잘라야겠지?'

어머니가 아침마다 정성스럽게 땋아주던 머리였다. 어머니를 생각하면 망설일 법도 하건만 어린 이병철은 신식 학교에 다니는 형들의 커트 머리를 보면서 '나도 한번 해보면 어떨까?'라고 부러워하고는 했다.

"진주라…. 진주는 어떤 곳일까?"

이병철은 쿵쾅이는 자신의 심장 소리를 어른들에게 들킬세라 달려 나갔다. 달리다보니 마을이 모두 내려다보이는 뒷산! 이병철은 있는 힘껏 외쳤다.

"나도 드디어 신식 학교에 간다! 학교에 간다!"

이병철은 한일합병조약이 체결된 해인 1910년, 경상남도 의령군 정곡면 중교리에서 유복한 집안의 막내아들로 태어났다. 이병철은 다섯 살부터 할아버지가 세운 서당에서 한문 공부를 시작했다. 이병철이 열한 살이 되자 집안 어른들은 이병철을 신식 학교에 보낼지 말지를 두고 논쟁을 시작했다. 대체로 찬성 의견이 많았다. 이병철은 진주의 지수보통학교 3학년에 편입하였다.

이병철은 진주에 있는 누이 집에 도착하자마자 곧바로 이발소로 향했다. 한 번도 자르지 않고 길러온 긴 머리를 싹둑 자르고 나니 머리가 너무나 가벼워서 어색했다. 거울에 비추어보니, 훤한 신식 도련님이 서 있었다. 이병철은 자기 모습이 마음에 들었다. 그래서일까? 학교 생활도 하루하루 새롭고 즐거웠다.

'중교리는 정말 작은 동네였구나. 나는 우물 안의 개구리였어.'

그가 이곳에서 만난 친구들 중에는 후일 사돈이자 동지, 라이벌이 된 구인회도 있었다.

이병철이 방학이 되어 고향에 돌아오니 친구들 사이에서 인기 폭발이었다. 도회지 소식을 들으려는 친구들이 이병철에게 몰려든 것이었다.

"진주는 중교리하곤 비교가 안 된다. 길도 넓고 사람도 많고…."

이병철은 어깨에 힘을 잔뜩 주었다. 그런데 얼마 지나지 않아 서울에서 공부하는 육촌 형이 내려왔다.

"서울이 얼마나 넓은지 너는 상상도 못할걸? 길도 엄청 넓고, 그 길을 다니는 사람 수도 엄청나게 많아."

"진주도 많은데."

"진주? 하하. 촌스럽긴."

이병철은 자존심이 상했다. 이를 알아챈 육촌 형이 이병철을 달랬다.

"아니다. 네가 서울에 대해서 모르는 것이 당연하지. 중교리에서 자라고 진주에서만 학교를 다녀봤으니 말이다. 그런데 서울의 종로, 명동에는 길도 넓고 사람도 많고 차도 엄청 많이 다닌단다."

그 당시에는 시골엔 차가 흔하지 않았기에 이병철은 눈을 동그랗게 떴다.

"차? 우와!"

"건물은 또 얼마나 멋진지."

"다 기와집이야?"

"기와집뿐인 줄 아니? 서양식 건물들이 죽 있고 서양에서 온 신기하고 귀한 물건도 셀 수 없이 많아."

육촌 형의 잘난 척이 이어지는 동안 이병철의 마음속에는 서울에 대한 동경이 커져만 갔다. 철부지 소년이었던 이병철은 진주도 중교리와 엄청나게 다른데 그보다 더 대단하다는 서울은 또 어떤 별천지일지 상상만 해도 가슴이 뛰었다.

이병철이 서울에 가고 싶다고 부모님에게 말씀드렸지만 아버지는 선뜻 허락하지 않았다.

"아버지, 공자는 동산에 올라 노나라가 작다고 했고 태산에 올라 천하가 작다고 했지 않습니까? 저도 더 큰 세상에 나가서 배우고 싶습니다."

이때 어머니가 나서서 아버지를 설득했다.

"옛말에도 말은 제주로 보내고 사람은 서울로 보내라고 하지 않았습니까? 제 친정이 서울 쪽에 있으니 보내줍시다."

어머니 도움으로 외가인 가회동 근처에 있는 수송보통학교 3학년에 편입한 이병철! 등교 첫날, 그는 기가 죽고 말았다. 아무도 그의 말을 제대로 알아듣지 못했다. 경상도 사투리 때문이었다.

"내는 느덜 말 다 알아묵는데, 와 내 말을 몬 알아묵는데? 누처럼 일본말도 아이고."

반 친구들이 와하하 웃음을 터트렸다. 이병철은 그만 입을 꾹 다물고 말았다. 중교리에서는 누가 봐도 신식 도련님인데, 서울에 오니 시골뜨기에 지나지 않는다는 사실을 받아들이기 힘들었다. 물론 친구들이 악의가 있었던 것은 아니었다. 그들 나름대로 이병철에게 따뜻하게 대해주려 애를 썼다. 그래도 이병철의 상처받은 자존심은 쉽게 치유되지 않았다.

성적이 뛰어나게 좋았더라면 상황이 조금 달라졌을까? 그러나 수학을 제외하고는 성적도 그리 좋은 편이 아니었다. 일본어, 국어는 100점 만점에 60, 70점이었고 음악과 미술은 겨우 낙제를 면하는 수준이었다. 등수로 따지면 50명 중 35등과 40등 사이를 오락가락했다.

'칫! 그래도 나는 너희들이 가고 싶어 안달 난 중학교에 꼭 가고 말 거다.'

성적이 좋지 않았지만 이병철은 오기가 발동해서 중학교로 바로 편입하겠다는 생각을 했다. 4학년을 마치고 고향에 내려와서는 아버지를 다시 졸랐다.

"중학교에 가고 싶다고?"

"네."

"보통학교 과정도 아직 남았다."

"이제 보통학교에서 더 배울 것이 없습니다."

"정말이냐?"

아버지는 인자하지만 미심쩍어 하는 표정으로 아들을 쳐다보았다.

"그게 저… 보통학교 과정을 단기간에 마무리 짓는 속성 과정이 있는 중학교가 있어요. 그곳으로 옮기면 1년 동안 보통학교의 5, 6학년 과정을 끝낼 수 있으니 무리가 없을 거예요."

"병철아, 그리 중학교에 가고 싶으냐?"

"예, 아버지."

"좋다. 그럼 네 뜻대로 해주마."

이병철은 자신의 뜻대로 중동중학교에 입학했다. 그는 다시 신나는 중학교 생활을 그리며 기대에 부풀었다. 그러던 어느 날 아버지가 그를 불렀다.

"병철아, 학업에 관해서는 내가 너의 뜻대로 모두 해주었다만 이것 한 가지는 기억하거라. 사필귀정(事必歸正, 모든 일은 반드시 바른길로 돌아간다는 뜻)이라는 말이 있다. 어떤 일이든 성급해서 무리하게 처리하지 말거라. 특히 거짓으로 꾸미는 일은 자신은 물론이고 나라와 사회에도 큰 재난이다."

아버지는 차분한 음성으로 말했지만, 이병철에게는 큰소리로 하는 꾸짖음보다 더 크게 다가왔다. 조금씩 자신의 선택에 책임감을 느꼈다. 이병철은 중동중학교에 진학해서는 처음으로 공부에 몰두했다.

그러나 작은 깨달음이 이병철을 180도 바꾸어 놓지는 못했다. 언제나 새로운 것에 쉽게 마음을 빼앗기고 또 쉽게 흥미를 잃고 마는 그였다. 중학교 생활도 얼마 지나지 않아 지겨워졌다. 그나마 열심인 것은 학교에서 하는 축구와 테니스 같은 운동이었다.

네 번째 중퇴

"아버지, 동경(일본의 '도쿄'를 우리 한자음으로 읽은 이름)에 가고 싶습니다."

이병철은 다시 아버지를 졸라댔다.

"다니던 중학교는 어찌하고? 중학교도 네가 졸라서 속성 과정으로 편입하지 않았느냐?"

"이렇게 세상이 어지럽고 뒤숭숭한데 그깟 졸업장을 받고 안 받고가 중요하겠습니까. 기왕 배울 바에는 동경에서 최신 지식을 배우고 싶습니다."

"…."

"아버지."

"이놈! 일에는 반드시 시작과 끝이 있다. 너는 열아홉 살이 되고도 그것을 모르느냐?"

이병철은 아무 말도 할 수 없었다. 태어나서 이렇게 엄한 꾸지람은 처음이었다. 그도 그럴 것이 그는 중학교에 편입한 뒤 결혼을 해서 아내까지 둔 한 집안의 가장이었던 것이다. 늦둥이 막내아들을 언제나 따뜻하게 감싸주던 어머니도 오늘따라 못 들은 척 슬그머니 자리를 떴다.

아버지 앞에서 물러나와 자기 방으로 돌아온 이병철. 아버지의 말씀이 모두 옳다는 것을 알면서도 고집을 꺾을 수가 없었다.

'동경에는 무언가 다른 것이 기다리고 있을 거야. 내 가슴에 불을 지를 수 있고 내 인생을 걸만한 그 무엇이.'

꾸짖기는 했지만 이번에도 아버지는 이병철의 동경 유학을 결국은 허락했다. "귀한 자식일수록 엄히 길러야 하는데, 그렇게 하면 버릇만 나빠진다"하고 만류하는 사람도 있었지만 아버지는 아무런 말도 하지 않았다.

이병철은 부산에서 일본으로 가는 연락선을 탔다. 그리고 1930년 봄, 와세다대학교 전문부 정치경제학과에 입학했다. 아는 이 하나 없이 시작한 동경 생활은 그에게 새로운 각오와 자세를 갖게 했다. 강의도 빠지지 않고 들었다. 맨 앞자리를 차지하기 위해 일찍 집을 나서기도 했다. 공부에도 차츰 재미가 붙었다.

그러던 어느 날 수업이 끝나고 나서 누군가 어깨를 툭 쳤다.

"여보게, 이따가 학교 뒤 숲 속에서 모임이 있네. 같이 하지 않겠나?"

이병철과 가까이 지내던 3학년 이순근이었다. 그는 좌익사상 운동을 하는 열정적인 친구였다. 사실 학교 내 다른 학생들은 학업에만 열중하지 않았다. 아니 시대가 학생들을 학업에 열중할 수 없도록 했다.

미국 월가(Wall街, 미국 금융 시장을 이르는 말)에서 시작한 대공황(1929년 10월 24일 뉴욕 주식 거래소에서 주가가 대폭락하면서 찾아온 세계적인 경제 위기. 1933년 말까지 거의 모든 자본주의 국가들이 이에 휩쓸렸으며 1939년까지 그 여파가 미쳤다)의 여파로 일본 경제도 심각한 불황으로 치닫고 있었기 때문이다. 혈기 왕성한 젊은이들은 거리로 나섰다. 대학은 공산주의 사상을 앞세운 좌익 운동과 반체제 운동의 본산이 되어갔다.

"쌀이나 명주실 시세가 몇 달 사이에 반 이하로 폭락했어. 대학을 나오면 무엇하나? 실업자가 거리마다 넘치고 공장에서는 태업 사태가 이어지고 있는데 말이야. 이참에 자네도 우리와 뜻을 같이 하지 않겠나?"

이병철은 망설였다. 그러나 곧 고개를 가로저었다.

"안 되겠네, 나는."

"무슨 소린가?"

"솔직히 말하겠네. 부끄럽지만 나는 사상운동에 적극적으로 투신할 용기가 없네. 미안하네."

이순근은 이병철의 고백을 비웃지 않았다. 다만 어깨를 툭툭 치며 말했다.

"자네 뜻은 잘 알겠네. 그러나 마음이 변하면 나를 찾아오게. 나는 언제든 환영이니까."

이병철은 언젠가 이순근의 열정에 이끌려 따라나선 적이 있었다. 야마구치 수상에 반대하는 시위였다. 시위에 참가한 다른 친구들과 함께 이틀 동안 유치장 신세를 지기도 했다. 그러나 다른 사람들과 달리, 보람도 사명감도 느껴지지 않았다. 남의 옷을 입은 것 같은 기분을 떨칠 수가 없었다. 이병철은 난생 처음 갇힌 유치장에서 곰곰이 생각했다. 자신은 그들과 함께 시위 현장에 있었지만 가슴이 뜨거워지지는 않았다. 이유가 무얼까? 그들과 자신 사이에 투명한 벽이 있는 것만 같았다.

'그래, 솔직해지자. 나는 그저 호기심에 따라나섰을 뿐이야.'

그는 시위에는 두 번 다시 참여하지 않았다. 어떤 비난을 받더라도 자기 마음을 속이면서까지 거리로 뛰쳐나가고 싶지 않았다.

이병철은 학업에 정진했다. 보통학교, 중학교 시절과는 비교할 수 없을 만큼 공부에 빠져들었다. 책과 사귀는 즐거움, 사색의 즐거움을 만끽하였다.

그런데 예상치 못한 난관이 찾아왔다. 각기병에 걸린 것이었다. 각기병은 비타민B가 결핍되어 생기는 병으로, 이 병에 걸리면 특히 팔과 다리의 신경이 약해지고 근육이 허약해지며 심하면 심장병이나 경련이 나타나고 몸이 부었다. 이병철이 홀로 자취 생활을 하면서 편식을 했고 한국과 다른 일본의 기후 조건에 영향을 받아 생긴 병이었다. 2학기 말에 접어들자 병은 걷잡을 수 없이 깊어졌다. 조금만 책을 읽어도 피로했고, 좋아하는 운동도 할 엄두가 나지 않았다. 이병철은 하는 수 없이 휴학계를 냈다.

휴학계를 낸 이병철의 머릿속에서는 아버지 얼굴이 떠나질 않았다.

'이렇게 실망스러운 모습을 보여드릴 순 없어.'

하루라도 빨리 건강을 회복하기 위해 애를 썼지만 차도가 전혀 없었다. 애가 탄 이병철은 각기병은 기가 허해서 생겼다는 생각이 들어 곳곳에 있는 온천, 명승지를 찾아다니며 휴식을 취했다. 하지만 그것도 효험이 없었다. 시간이 흐를수록 무거운 몸 때문인지 의지도 점점 약해져갔다.

'이렇게 허송세월을 하느니 학교를 때려치우고, 부모님이 계신 고향으로 돌아가는 게 낫겠어.'

캠퍼스의 푸르른 모습도, 배움의 즐거움도, 아버지의 실망한 표정도 그 어느 것 하나 그의 생각을 되돌리지 못했다. 2학년 가을, 결국 유종의 미를 거두지 못하고 와세다대학교와의 인연도 접었다. 이병철은 네 번째 학교에서도 결국 졸업장을 얻지 못한 채 한국에 있는 집으로 향했다.

선택 1

실패,
위대한 발걸음의 시작

만 원으로 시작한 사업

"아니 얘야, 소식도 없이 어찌 왔느냐?"

부모님은 연락도 없이 돌아온 아들을 반기며 맞아주었다. 그런 부모님을 보니 이병철은 입이 더 떨어지지 않았다. 그래도 용기를 냈다.

"각기병이 낫지 않아 학교를 마치지 못하고 돌아왔습니다."

면목이 없어 고개도 들지 못했다. 그런데 잠시 후 돌아오는 아버지 대답이 뜻밖이었다.

"너도 무슨 생각이 있겠지. 몸조리부터 잘하거라."

"일에 시작과 끝이 있다"라고 강조하던 분이 나무라지 않으시다니. 이병철은 호된 꾸지람보다 이 따뜻한 말 한마디가 어쩐지 더 매섭게 느껴졌다. '내 생각'에 대한 책임이 무겁게 다가왔다.

고향에 돌아오니 건강은 빠르게 회복하였다. 이병철은 마음이 조급해졌다. 서울에라도 올라가봐야겠다는 생각이 들었다. 이병철은 곧 서울로 향했다.

서울에서 새로운 거처는 상업은행 건물 뒤 여관으로 잡았다. 막상 서울에 오니 해방감이 느껴졌고, 무엇이든 해봐야겠다는 조급한 마음은 사라졌다. 오랫동안 연락하지 못한 친구들부터 두루 만나보기로 했다.

"자네도 취직자리를 알아보러 왔나? 하지만 요즘 서울에는 일자리가 부족하다네. 우리 같은 인텔리(지식인층)도 발붙일 곳이 없어."

만나는 친구들마다 시절을 탓하는 것으로 첫인사를 대신했다. 그러나 이병철은 친구들을 만나도 취직자리를 알아보는 일 같은 건 아예 하지 않았다. 사실 그에게는 뚜렷한 목표가 없었다.

'나는 지독히 운이 없는 것일까? 세상이 원래 운이 없는 데일까?'

이런 생각만 하며 두 번째 서울 생활도 아버지가 보내주시는 생활비로 여유롭게 지냈다. 그렇게 2년을 허송세월하고 고향에 내려왔지만 집안일은 큰형이 돕고 있어 여전히 이병철은 할 일이 없었다.

"저도 농사를 좀 지어보겠습니다."

"잘 생각했다. 논이 필요하냐, 밭이 필요하냐?"

"한국에서는 찾기 힘든 진귀한 채소 종자를 구해왔습니다. 밭에 심어보려고요."

가족들은 간만에 그가 할 일을 찾은 것을 기뻐했다. 이병철은 채소 종자, 개량 돼지 종자, 개량 닭 종자를 일본에서 들여왔다. 그런데 막상 해보니 그것도 곧 시들해졌다. 남들이 보기에도 취미 수준을 넘지 못했다. 결국 친구

선택 1

들과 어울려 노름에 빠져 지냈다.

"쯧쯧. 서울 유학이다 동경 유학이다, 보내달라는 대로 다 보내줬는데 저리 사람 구실을 못하고 있으니 어쩌면 좋아. 애초에 버릇을 그리 들이는 게 아니었어. 귀한 자식 매 한 대 더 때린다는 옛말이 틀린 거 하나 없다니까."

"어허, 이 사람! 말 함부로 하지 마. 그 댁 마님이 얼마나 우리한테 잘해주셨는데. 이 동네에서 해산하고 그 집에서 보내준 흰 쌀에 미역국 먹지 않은 사람이 어디 있어? 그리 말하면 도리가 아니지."

"에구, 그러니 하는 소리지. 그리 좋은 분들이 속이 얼마나 상하시겠나 생각하니 나도 마음이 아파서 그래. 내가 흉을 보자고 하는 소린 줄 아나?"

"허긴. 벌써 딸린 애가 셋이나 있는데 매일 노름만 하고, 밤이슬이나 맞으며 돌아온다고 하니…. 내 자식이면 그 꼴을 어찌 보고 살아."

성인이 된 지 한참이 지나서도 무위도식하는 이병철을 보고 동네 사람들이 수군댔다. 이런 사람들의 따가운 눈총에도 아랑곳하지 않던 이병철이 정신을 차린 계기는 갑자기 찾아왔다. 다른 날과 마찬가지로 노름을 마치고 달빛을 받으며 집에 돌아온 날이었다.

"애들은 자오?"

방 안에 들어섰는데, 마침 창 너머로 스며든 달빛에 자식들이 보였다. 평화롭게 잠든 자식들 얼굴을 보니 갑자기 악몽에서 깬 듯한 기분이었다.

'내가 지금 무얼 하고 있는 거지? 이병철, 정신 차려!'

온갖 상념이 머릿속을 스쳤다. 잠자리에서도 뒤척이며 잠을 이룰 수가 없었다. 한밤의 정적이 무섭게 느껴지기까지 했다.

'이젠 정말 무엇인가 해야 한다. 하지만 무엇을 하지? 독립 운동? 공직? 사업? 내가 하고 싶은 건 무엇이고 잘할 수 있는 건 무엇일까?'

스스로에게 묻고 또 물었다.

'일본이 득세하는 세상에서 공직에 나가는 건 떳떳하지 못해. 독립 투쟁을 할만한 용기도 나지 않아. 그럼 사업은 어떨까?'

이병철은 우리나라가 가난에서 벗어나는 길을 찾는 게 독립 투쟁에 헌신하는 것만큼이나 시급하고 중요한 일이라는 생각을 했다. 이에 자신의 인생을 사업에 걸어보기로 했다. 자신의 성향과도 잘 맞을 것 같았다.

"아버지, 사업에 제 인생을 걸겠습니다."

"그래, 네 몫으로 한 해 200석쯤 수확할 수 있는 정도의 땅을 재산으로 나누어주려던 참이다. 스스로 해볼 만하다고 생각되는 일이라면 결단을 내리는 것도 좋지."

결연한 태도로 말하는 이병철에게 아버지는 격려와 후원을 아끼지 않았다. 이병철은 새로운 일에 도전하는 자신을 믿고 응원해주는 아버지에게 한없이 고마웠다. 기대에 부푼 이병철은 새로운 태도로 사전 조사에 돌입했다.

'서울에서 하면 업종 선택의 폭이 넓고 친구들도 있어 좋지만, 자금이 부족할 것 같아. 대구, 부산, 평양은 이미 큰 상권을 일본인들이 차지하고 있어 상대가 되지 않을 거야. 마산은 고향에서 가깝고 교역량도 딱 적당해. 사업 종목은… 거래하는 쌀의 규모에 비해 도정(곡물의 바깥층을 벗기는 작업)을 할 수 있는 곳이 부족하다. 도정료를 미리 내고도 기다리고 있는 사람이 많다고 하니 정미소가 좋겠군.'

선택 1

　생각 끝에 마산에서 정미소를 하는 것이 딱 좋을 것 같다는 결론을 내렸다. 당시 마산은 물이 맑고 기후가 온화한 아담한 항구 도시였다. 경남 일대의 농산물이 모이는 곳으로 이곳에서 해마다 수백만 석이 일본으로 보내졌다. 또 만주에서 대두, 수수 등을 수입해오는 곳이기도 했다. 교역량이 많으니 당연히 돈도 잘 돌았다.

　이병철은 정미소를 찾아가 현장 조사를 했다. 정미소 근처 공터마다 도정을 기다리는 쌀가마들이 쌓여 있었다. 경쟁자가 얼마나 되는지도 알아보았다. 일본인이 하는 정미소는 규모가 컸지만 한국 사람이 하는 곳은 작고 형편없었다.

　'정미소를 크게 하면 떼돈을 벌겠어.'

　확신이 섰지만, 자신이 가진 만 원 정도의 돈으로는 원하는 규모의 정미소를 차릴 수 없었다. 그는 정현용, 박정원을 동업자로 구했다. 세 사람은 만 원씩 출자하고 식산은행(1918년에 설립한 특수은행. 한국산업은행의 전신으로 일제강점기에는 일본이 조선을 수탈하는 데에 활용함) 마산 지점에서 약간의 자금을 융통한 끝에 정미소를 설립할 수 있었다. 정미소 이름은 '협동정미소'. 그렇게 이병철은 스물여섯 살에 생애 첫 사업을 시작하였다.

실패, 위대한 발걸음의 시작

정미소 문을 닫읍시다

　　　　　　　　　　최고 기계와 최대 규모로 사업을 시작하는 건 이병철의 사업 스타일이었다. 협동정미소도 그랬다. 그는 제일 좋은 정미소 기계를 사들여 정미소 사업을 벌였다. 남들에게 그럴싸해 보이려고 했던 게 아니라 그럴만한 이유가 있었다.

　생산 비용에는 생산량의 증감에 따라 금액이 변하는 '변동 비용'과 생산량과 상관없이 들어가는 '고정 비용'이 있다. 변동 비용은 원재료비, 임금 등이 있고 고정 비용은 대출 이자, 임대료, 기계값 등 생산량이 늘어도 변하지 않는 것 등을 말한다.

　'생산 원가를 낮춰야 이익이 늘어나는 법! 변동 비용은 어쩔 수 없지만 고정 비용은 줄일 수 있어. 쌀을 많이 도정할수록 한 가마당 평균 고정 비용이 줄어드니 되도록 도정을 많이 해야 해.'

　"기계가 쉬지 않도록 쌀을 계속 대야 합니다."

　이병철의 야심찬 도전이었던 만큼 정미소 사업은 승승장구했다. 그런데 문을 연 지 1년이 지나자 자본금의 3분의 2를 까먹고 말았다. 이상했다. 일거리가 끊이지 않아 기계가 매일 쉬지 않고 돌아가고 직원들도 열심히 일했는데 적자는 쌓여만 갔다. 부도 직전에 이르자 동업자 중 한 사람인 박정원이 침통한 표정으로 말했다.

　"이 사장, 정미소 문을 닫읍시다!"

　"일단 시작한 일을 이렇게 그만둘 수는 없습니다."

선택 1

이병철은 실패를 인정할 수 없었다. 자신의 인생을 걸고 시작한 일인 만큼 쉽게 포기하고 싶지 않았다.

"사업을 오기로 합니까? 기계를 돌릴수록 손해가 나는데 어떻게 계속한단 말입니까?"

"시절이 어수선해서 쌀값이 오르내려서가 아닙니까? 세상이 안정되면 나아지겠지요. 기다려봅시다."

다른 동업자인 정현용이 이병철을 지지해주었다.

"세상이 나아질지 아닐지 어찌 압니까?"

하지만 이런 박정원의 말에는 이병철 역시 아무 대답도 할 수 없었다.

"그럼 이렇게 합시다. 우리 딱 1년만 더 해보고 그래도 적자가 나면 박 선생님의 출자금을 그대로 돌려드리겠습니다. 반대로 이익이 나면 출자금 만 원에 이자를 붙여서 돌려드리지요. 어떻습니까?"

이병철의 제안에 망설이던 박정원이 고개를 끄덕였다.

정미소 사업의 수명을 1년 연장한 이병철. 그는 지난 1년간 쓴 장부를 보며 적자가 나는 원인을 분석하기 시작했다.

'처음부터 크게 일을 벌인 것이 잘못이었나? 쌀을 너무 많이 산 것일까? 아니야. 고정 비용을 낮추자는 건 좋은 생각이었어. 그런데 왜 손해가 났지?'

몇 날을 장부를 보면서 분석하고 연구하니 가닥이 잡혔다.

"알았다! 다른 사람들과 똑같이 쌀값이 오를 때 사고 내릴 때 팔았기 때문이야."

도정할 쌀을 충분히 확보하는 것을 사업 성공의 핵심 전략으로 삼았던 이병철. 많은 수익을 보려면 손님들이 가져오는 쌀만 도정해서는 어림없었다. 정미소 자체 내에서도 쌀을 확보해 직접 도정과 판매를 겸해야 했다. 이런 이유로 그동안 쌀을 대량으로 구매해왔다. 그런데 주먹구구로 군중 심리에 휩쓸려 구입과 판매를 했던 점이 바로 적자의 주요 원인이었다. 이병철은 사업 전략을 수정했다.

"큰 그림을 그리지 못하고 도정업을 단순히 쌀을 빻는 것으로만 생각한 잘못이 큽니다. 앞으로는 쌀값을 정확하게 예측해서 값이 쌀 때 구입하고 비쌀 때 내다 팔아야 합니다."

"쌀값은 마산 지역에서 결정하는 게 아니지요. 인천의 미곡소뿐만 아니라 일본과 중국에도 영향을 받는데 가능하겠습니까?"

"해야지요. 최고의 도정 기계로 쉴 새 없이 돌려도 그 쌀값을 예측하지 못하면 우리는 적자를 면할 수 없습니다."

이병철은 정미소의 위기를 극복하는 과정에서 도정업은 미곡, 도정, 운송, 유통의 큰 흐름에서 수요와 공급을 꿰뚫고 있어야 성공할 수 있는 사업이라는 걸 깨달았다.

빈털터리

이병철은 새로 세운 전략을 즉시 행동에 옮겼다. 쌀 시세가 자꾸 올라갈 때는 팔고 내려갈 때는 샀다. 그의 생각은 적중했다. 협동정미소는 1년 만에 적자를 메우고 2만 원의 이익을 냈다. 덕분에 동업자인 박정원과 했던 약속도 지킬 수 있었다.

드디어 정미소 사업에 눈을 뜬 이병철. 그의 생각은 유통 비용도 줄이면 더 많은 이익이 나겠다는 데까지 미쳤다.

"일본인이 경영하던 마산일출자동차회사가 매물로 나와 있다고 합니다. 우리가 사들여서 운수 회사를 만들겠습니다."

당시 마산에는 운송 수단이 크게 부족해 트럭 운임이 매우 비쌌다. 회사 쌀만 실어 날라도 비용은 훨씬 줄어들 것 같았다. 그러나 거기에서 만족할 이병철이 아니었다.

"트럭을 열 대 더 삽시다."

인수한 회사에 있던 트럭 열 대에 새로 구입한 트럭 열 대를 합쳐 모두 스무 대로 운수 회사를 출범시켰다. 그때만 해도 트럭 한 대를 가진 것은 요즘 비행기 한 대를 가진 것과 맞먹는 효과를 보였다. 운수 회사는 정미소를 지원하는 기능 외에 독자적으로도 높은 수익을 벌어들이는 사업체로 성장할 수 있었다.

곡물 거래를 겸한 정미와 운수, 두 가지 사업을 궤도에 올려놓은 이병철은 자신도 모르게 기고만장해졌다.

'조금만 머리를 쓰면 이렇게 돈이 되는구나. 나는 천생 사업가였어.'

이제 경영 때문에 마음 졸일 일이 별로 없었다. 지배인에게 맡겨두면 별 무리 없이 굴러갔기 때문이다. 그는 친구들과 어울려 술집을 드나들기 시작했다. 그러면서 새로운 도전거리를 찾았다. 이번에 그의 눈에 든 것은 '땅'

이었다. 이병철은 정미소 사업을 하면서 땅값의 움직임을 파악할 수 있었다. 당시 땅값은 3.3제곱미터당 25전 정도였다. 그런데 쌀 생산량과 인건비를 꼼꼼히 계산해보니 땅만 가지고 있으면 거저 이익이 남았다. 은행에서 돈을 빌린다고 해도 이자를 내고도 수익이 충분히 남았다. 예를 들어 논 661제곱미터를 사서 농사를 지으면 쌀을 15원어치 생산할 수 있었다. 그중 관리비 1원, 토지세 1원, 기타 잡비 1원, 은행 이자 3원 65전을 빼도 8원 35전이 남았다.

이런 현상은 세계적인 경제 공황, 일본 제국주의의 수탈 정책이 극심해져서 농촌을 떠나가는 사람들이 많아지면서 생겼다. 이병철에게는 땅 짚고 헤엄치기만큼 쉬운 돈벌이 기회로 보였다.

며칠 후, 이병철은 식산은행을 찾았다.

"이 사장님, 우리 두 번째 만남인가요?"

식산은행의 마산 지점장인 히라다는 점잖게 악수를 청했다. 이병철은 정미소 사업을 시작했을 때도 대출을 받기 위해 그를 만난 적이 있었다.

이병철은 그와의 첫 만남이 별로 유쾌하지 않았다. 그때 이병철은 내심 담보도 충분하고 사업 계획도 꼼꼼하게 세웠기 때문에 융자받는 데 어려움이 없을 것이라고 생각했다. 그런데 히라다는 그에게 곡물 가격이 변동하는 원인은 무엇인지, 일본 곡물 시장의 동향을 어떻게 보는지 등등 여러 가지 질문을 던졌다. 이병철은 당황스럽기도 하고 자신을 시험하는 것 같아 기분이 언짢았다. 하지만 나중에 돌이켜보니 히라다는 정미소 운영에 필요한 경영의 기초를 잘 알고 있었다.

선택 1

"사업을 많이 번창시키셨다고 들었습니다. 사실 저는 그때 대화를 나누어보고 이 사장님이 큰 사업가가 되실 줄 알았습니다."

이병철과는 달리 히라다는 그때 만남을 꽤 좋게 기억하는 것 같았다.

"이번에 새로운 사업을 구상 중이시라고요? 조건만 맞으면 저희가 얼마든지 대출을 해드리겠습니다."

"감사합니다. 이번에는 제가 토지를 구입하려고 합니다. 서류를 챙겨 왔습니다. 검토해보시지요."

"그래요? 저희 은행과 거래 실적이 많으시니 이자는 저렴하게 7푼 3리(7.3퍼센트)로 쳐드리겠습니다. 그리고 토지를 담보로 하시다면 토지 가격의 8할(80퍼센트)까지 빌려드리지요."

히라다와의 만남에 고무된 이병철은 당장 매물로 나온 논밭을 찾았다.

'김해평야 논밭은 모두 사들여볼까? 내 땅을 밟지 않고는 다닐 수 없겠는걸?'

첫 번째 후보로 오른 땅은 일본인이 내놓은 땅 132만 2,314제곱미터였다. 그는 땅값 10만 원 중에서 계약금 만 원을 먼저 주고 다음날 히라다에게 상황을 알려주었다. 그런데 열흘쯤 지나서 만난 히라다는 귀가 번쩍 뜨일만 한 소식을 알려주었다.

"이 사장님, 우리 은행에서 이 사장님이 대출받은 돈으로 땅 주인에게 잔금 9만 원을 지급했습니다. 그리고 남은 돈 2만 원은 사장님 계좌로 입금해 두었습니다."

"네? 남은 돈이라니요?"

"은행에서 땅을 담보로 잡기 위해 가치를 감정했는데, 11만 원까지 빌려

실패, 위대한 발걸음의 시작

드릴 수 있다는 결과가 나왔습니다."

"정말입니까?"

이병철은 입이 떡 벌어졌다.

땅의 실제 가격은 3.3제곱미터당 25전인데 은행에서 평가하는 가치는 3.3제곱미터당 38전! 그 덕분에 11만 원을 빌리면 이자를 빼고 1만 2,000원이 거저 통장에 입금된다. 땅을 담보로 은행에서 돈을 빌리기만 하면 돈을 벌 수 있는 참 쉽고 빠른 돈벌이였다.

'농사를 짓고 비용을 빼고 하기도 전에 돈이 생기다니! 손 안 대고 코푼다는 말이 바로 이런 경우가 아닌가.'

이병철은 신이 났다. 매물이 나왔다는 소식만 들리면 닥치는 대로 땅을 사들였다. 그는 적당한 논밭을 찾아 계약하고 싶다고 은행에 얘기만 하면 됐다. 토지 감정도 명의 변경과 복잡한 서류 진행 과정도 은행이 모두 대행해주었다. 그렇게 1년 만에 이병철은 약 1만 석의 쌀을 거둘 수 있는 논 660만 제곱미터를 소유한 대지주가 되었다.

"김해평야가 이제 다 이 사장님 소유나 다름없습니다."

"식산은행이 이 사장님 개인 금고라는 소문이 자자합니다."

이제 겨우 스물일곱! 청년 사업가는 주변 사람들의 부러움을 샀다. 가을이 되어 수확이 끝나면 소작료가 듬뿍 들어와 그의 통장에 돈이 넘쳐났다. 그뿐인가? 낮에는 땅을 물색하고 저녁에는 술자리에서 놀아도 돈은 쌓였다. 이런 행운은 영원히 계속될 것만 같았다. 그런데….

"사장님, 이제 이 근처에서는 더 살 논이나 밭이 없습니다."

선택 1

"그럼 부산이나 대구에 있는 주택 용지를 사들이면 어떨까요? 은행에 한 번 연락을 해보지요."

이병철은 내친 김에 부산과 대구 땅까지 사들이려고 마음먹었다.

그런데 바로 그 순간 일이 터졌다.

"식산은행에서 더 이상은 대출을 해줄 수 없답니다."

"아니, 왜요?"

"정부에서 비상조치가 내려졌답니다."

"뭐라고요?"

마른하늘에 떨어진 날벼락 같은 소리였다.

1937년 10월, 중국 베이징 외곽의 노강교에서 중국과 일본의 군대가 충돌했고 이 일이 빌미가 되어 두 나라는 전쟁에 돌입하였다. 중일전쟁이었다. 때문에 일본 정부는 비상조치를 단행했다.

곧 식산은행에서 토지 감정가가 떨어졌으니 빌려간 돈을 갚으라는 연락이 왔다. 하지만 이병철은 갚을 길이 없었다. 그의 사업은 모두가 은행 돈으로 벌인 일이었다. 그런데 비상조치를 시작으로 땅값이 폭락하기 시작했다. 뒤돌아서면 땅값이 떨어지고 팔려고 내놓아도 사겠다는 사람이 없었다. 커질 대로 커진 토지 투자 사업 때문에 빚의 규모는 엄청난데 땅값이 떨어지니 기가 막혔다. 결국 땅을 다 팔아도 빚을 갚을 수 없는 지경에 이르렀다. 이병철은 정신을 차릴 수 없었다.

"손해를 봐도 상관없으니 무조건 사겠다는 사람만 있으면 팔아주시오."

땅은 헐값에 내놓았고 정미소와 운수 회사도 다른 사람에게 넘겨주었다.

얼마 후, 천신만고 끝에 사업을 정리하고 빚을 갚고 나니 그의 수중에 남은 것은 전답 33만 제곱미터와 현금 2만 원뿐이었다. 거기에다 동업자 정현용에게 출자금을 돌려주고 나니 만 원이 남았다.

'천국과 지옥을 오가는 기분이 이와 같을까? 결국 시작점으로 돌아왔구나.'

서른도 채 되지 않은 청년 이병철. 그의 얼굴에 회한의 눈물이 흘렀다. 모든 것이 꿈만 같았다. 만 원으로 꾼 일장춘몽(한바탕의 봄꿈이라는 뜻으로, 헛된 영화나 덧없는 일을 비유적으로 이르는 말)!

'교만한 자 치고 망하지 않은 자가 없다더니 그게 나를 두고 한 말이었구나. 은행만 믿고 그것이 내 능력이라고 착각했던 게 잘못이다.'

신중하지 못하고 기고만장했던 자신을 나무라고 나무랐다.

"그래도 그 엄청난 빚을 다 갚았다는 게 어딥니까. 용기를 내세요."

아내가 위로했다.

'그래, 만약 빚을 남겼더라면 나는, 또 우리 가족은 어찌되었을까?'

생각만 해도 끔찍했다.

벼락부자가 된 것보다 더 빠르게 빈털터리가 되고 나서 이병철은 중요한 다섯 가지 교훈을 얻었다.

첫째, 사업을 할 때는 시대의 움직임을 정확히 통찰해야 한다.

둘째, 무모한 욕심을 버리고 자기 능력과 한계를 냉철히 판단해야 한다.

셋째, 우연한 행운을 바라는 투기는 절대로 피해야 한다.

넷째, 직관력을 기르는 한편 제2, 제3의 대비책을 강구해야 한다.

다섯째, 대세가 기울어 이미 실패했다는 판단이 서면 깨끗이 미련을 버리고 차선의 길을 택해야 한다.

　이병철은 이 다섯 가지 교훈을 평생 동안 가슴에 새겨두고 회사를 경영했다.

삼성의 시작

　　　　　　　　　　"여행을 다녀오겠소."
　한동안 자책하며 집에만 있던 이병철은 아내에게 이 한마디를 남기고 길을 떠났다.
　"지독한 시련을 겪었으니 휴식이 필요하겠지요. 잘 다녀오세요."
　말이 여행이었지, 눈앞에 펼쳐진 풍경들 사이로 과거의 기억만이 파고들었다. 부자였던 자기 모습이 나타나는가 하면 헐값에 논밭을 팔러 뛰어다니던 자신의 모습이 나타나기도 했다.
　그는 부산에서 시작해 서울, 평양, 신의주, 원산, 흥남 등 북쪽 여러 도시를 두루 돌아보았다. 그리고 이어 창춘, 선양, 등 만주의 여러 도시를 거쳐 중국 베이징, 칭다오, 상하이까지 들렀다. 지금처럼 교통수단이 발달했던 시대가 아니었기 때문에 여행은 두 달이 걸렸다. 시간이 약이라는 말이 맞았다. 지난날에 대한 후회로 뒤덮였던 마음을 추스를 수 있었고 앞날에 대한 생각도 찬찬히 할 수 있었다.
　주변의 풍경도 서서히 눈에 들어왔다. 새롭고 흥미진진했다. 산과 강, 바다, 그리고 바쁘게 움직이는 사람들! 세상은 넓고, 빠르게 변해가고 있었다.

중일전쟁이 전면전에 돌입하면서 일본의 상품이 중국의 도시까지 범람했다. 만주는 물론 베이징이나 칭다오에서도 큰 상권은 이미 일본인이 장악했다. 폭리를 취하는 투기 사업자, 군대를 업은 어용상인들이 중심이 된 복잡한 상권이기도 했다. 중국인 상점들은 여기에 밀려 조금 작은 규모였지만, 한국에 있는 상점들에 비하면 엄청났다.

"이곳 상점들은 규모가 굉장히 크군요. 이 상점의 자본금은 얼마나 됩니까?"

"109만 원 정도 됩니다."

"네? 그렇게나 많이?"

"하하. 우리는 규모가 작은 편입니다."

"그럼 어음은 얼마짜리를 씁니까?"

"이곳에서는 보통 300만 원에서 400만 원짜리를 씁니다."

'이럴 수가. 마산에서 내가 발행한 건 겨우 7, 8만 원짜리였다. 제일 큰 어음이라고 해봐야 겨우 20만 원 정도였는데….'

가게 안쪽에는 트럭도 수백 대씩 드나들고 있었다. 규모도 놀라웠지만 그런 규모의 상점을 운영하는 사람들의 사업 방식이 무척 인상적이었다. 아니, 충격적이었다. 먼저 중국 상인들은 겉치레보다 내실을 중요하게 생각했다. 특히 신용을 천금처럼 귀하게 생각했다. 거래를 할 때도 계약서도 쓰지 않고 "얼마짜리 물건을 지금 보내겠다", "틀림없이 받았다. 돈은 모월 모일에 지불하겠다"라는 말 한마디로 모든 것을 처리하였다. 무척 허술해 보였다.

"이렇게 허술하게 장사를 하면 위험하지 않습니까?"

"허허. 신용을 지키지 않는 사람과는 다시는 거래하지 않으면 되지요."

선택 1

중국 상인들의 대범하면서도 무서운 사업 방식이었다. 한편, 일본 상인들은 중국 상인들과 반대였다. 계약서가 무척 중요했다. 처음 작성한 대로 무조건 약속을 이행해야 했다. 담백하고 정확하다는 장점은 있었으나 융통성은 부족했다.

'일시적으로 곤란한 상황에 처했을 때는 중국 상인들이 더 융통성 있게 대응하는구나. 하지만 어찌 되었건 둘 다 신용을 목숨처럼 중요하게 생각해. 그것이 장사의 기본이야.'

물론 신용은 일반적으로도 중요한 도덕규범이었지만 비즈니스 세계에서는 거의 목숨과도 같은 것이었다. 마음의 휴식을 찾으러 떠났던 여행은 이병철 자신도 모르게 새로운 사업을 발견하기 위한 야망에 찬 여행, 큰 사업가들의 사업 방식과 경영 수완을 배우는 여행으로 바뀌어가고 있었다.

이병철은 두 달에 걸친 여행을 마치고 집으로 돌아오며 재기의 의지를 굳혔다. 다시 실패할지도 모른다는 두려움이 전혀 없지는 않았지만 그때마다 책에서 읽은 비스마르크 시대의 명장 몰트케의 말을 떠올리며 스스로를 다독였다.

"나는 항상 청년의 실패를 흥미롭게 지켜본다. 청년의 실패야말로 그 자신의 성공 척도이다. 그가 실패를 어떻게 생각했는가, 그리고 어떻게 거기에 대처했는가. 낙담했는가, 물러섰는가. 아니면 더욱 용기를 북돋아 전진했는가. 이것으로 그의 생애가 결정된다."

좌절해서 주저앉기에 이병철은 너무나 젊었다.

'이번에는 무역을 해보자. 꼭 성공하겠어. 같은 실수를 두 번 하지는 않아.'

실패, 위대한 발걸음의 시작

이병철은 자신이 가진 돈에 빚을 내어 자본금 3만 원을 만들었다. 사업장은 경상북도 대구시 서문시장 근처의 수동에 있는 건물로 정했다. 큰돈을 벌려면 만주 등에서 공업 원료나 옷감, 농산물 등 다양한 상품들을 취급하는 것도 방법이겠지만 그곳에 있는 가게들과 경쟁하기는 어려울 것 같았다. 또 굳이 외국에서 장사를 할 생각도 없었다.

1938년 3월 1일, 문을 연 가게의 이름은 '삼성상회'. 삼성의 삼(三, 석 삼)은 우리 민족이 좋아하는 숫자로 큰 것, 많은 것, 강한 것을 나타내고 성(星, 별 성)은 밝고 높고 영원히 깨끗이 빛나는 것을 의미했다. '크고 강력하고 영원하라'라는 그의 소원을 담은 이름이었다. 이 삼성상회가 바로 오늘날 삼성그룹의 시작이다.

삼성상회에서는 청과물, 건어물, 잡화 등을 취급했다. 청과물이나 건어물은 일상생활에서 꼭 필요한 물건이지만 우리나라에는 전문적으로 취급하는 곳이 없었다. 때문에 이병철은 사과 산지로 유명한 대구 일대의 청과류와 포항의 건어물을 모아 만주와 중국으로 수출했다.

'이번만은 절대로 실패하지 않겠어.'

이병철은 마산에서 곡물을 거래할 때 얻은 경험을 살려 청과물의 작황이나 어장의 상황도 꼼꼼하게 조사해두었다. 대구를 사업지로 선택한 것도 꽤 신중한 선택이었다.

'지리적인 이점도 일종의 자산이야. 자본금이나 사업 수완만큼 중요한 것이 지리적 조건이다.'

예전 사업에서 배웠던 것 중에는 버릴 것이 하나 없었다. 끔찍했던 빚 독

선택 1

촉의 기어까지도 모두 보약이 되었다. 거래량이 늘어나자 이병철은 판매에 제조를 겸하기로 했다. 품목은 국수였는데, 국수 이름은 '별표국수'라고 지었다. 별표라는 상표는 세 개의 별을 뜻하는 삼성에서 따왔다. 이제 4층짜리 목조 건물의 1층 구석에는 삼성상회 사무실이 자리 잡고 2층부터 4층은 국수 공장이 가동되었다. 직원 수도 제법 늘어 마흔 명이었다.

별표국수는 강아지풀대 굵기만큼 가는 건면이 특징이었다. 이것을 종이 띠로 어른 팔목 굵기로 묶어 상점과 식당에 팔았다. 약 3인분 정도 되는 양의 별표국수는 삼성상회의 대박 상품이었다. 삼성상회 앞에는 별표 국수를 선점하려는 도소매상인들이 진을 쳤다. 그들이 끌고 온 짐자전거와 소달구

지로 상점 앞은 언제나 북적거렸다.

당시에 대구에는 다섯 개의 국수 공장이 있었지만, 품질과 맛에서 별표국수를 따라오지는 못했다. 때문에 별표국수가 가격이 10퍼센트 정도 더 비쌌지만 사람들은 별표국수만 찾았다. 단순히 싸게 많이 팔아서 시장점유율만 높이는 게 아니라 제대로 된 품질의 1등 제품을 만들어 적절한 가격에 파는 삼성의 기업 철학은 이때부터 시작하였다.

이병철은 낮에는 1층 구석 사무실에서 일했고 밤이면 국수 기계 옆에 박스를 깔고 새우잠을 잤다. 혹시라도 기계가 서면 고쳐야 했기 때문이다. 그런 노력 덕분에 사업은 날이 갈수록 번창했다. 이병철은 1년 만에 건물을 살 때 진 빚을 모두 청산할 수 있었다. 그리고 대구에 있는 '조선양조'를 인수해 대구 지역의 손꼽히는 사업가로 다시 올라섰다.

그는 언제나 한 가지 사업이 자리를 잡으면 다음 사업을 생각했다. 사업의 성공에 취해 있기보다는 다음 도전을 살폈다. 타고난 기업가의 본능이었다.

1947년 5월, 이병철은 대구 사업은 직원들에게 맡겨두고 서울로 거처를 옮겼다. 그리고 1948년 11월에 무역 회사인 '삼성물산공사'를 설립했다. 자원과 자본, 기술이 없는 당시의 대한민국에서 국민 생활에 필요한 물자를 확보하기 위해서는 무역이 필요하다는 생각 끝에 내린 결정이었다. 이병철은 한국전쟁이 일어나기 전까지 삼성물산공사를 국내에서 일곱 번째로 큰 무역 회사로 성장시켰다.

이처럼 청년 이병철의 재기를 성공시킨 것은 바로 실패에서 배운 교훈이었다.

이병철의
성공법칙
❻

헛된 경험은 단 1초도 없다!

우리에게는 매일 8만 6,400초의 시간이 주어진다. 사람들은 단 1초도 헛되이 쓰지 말자고 말한다. 가장 효과적인 방법을 골라 최대한 실수를 줄이고, 실패는 건너뛸 수 있으면 건너뛰려고 한다. 그러나 이병철 할아버지는 이렇게 말했다.

"어떤 인생에도 낭비는 없습니다. 실업자가 10년 동안 무엇 하나 하는 일 없이 낚시로 소일을 했다고 합시다. 그러나 그 10년이 시간 낭비였는지 아닌지는 10년 후에 그 사람이 무엇을 하느냐에 달려 있습니다. 낚시를 하면서 반드시 무엇인가 느낀 바가 있을 것입니다. 실업자 생활을 어떻게 견뎌나가느냐에 따라서 그 사람의 내면도 많이 달라질 것입니다.

헛되이 세월을 보냈다고 하더라도 살펴보면 무엇인가 남았습니다. 실패에서 중요한 점은 헛되게 세월을 보냈다는 데 있지 않고 그 경험을 어떻게 받아들이고 훗날 어떻게 살려내느냐에 있습니다."

이병철 할아버지도 겉으로 보기에 허송세월을 많이 한 사람이었다. 어려서부터 무엇 하나 제대로 끝맺지 못했고 한때 노름을 하며 지내기도 했다. 그러나 나중에 자신의 모든 경험을 한 줄로 꿰어내면서 그 모든 실패와 중단의 경험을 성공의 밑거름으로 삼았다.

실패한 경험은 누구에게나 고통스럽다. 그러나 이 과정을 거쳐야 성장할 수 있다. 이병철 할아버지도 크고 작은 실패를 되새김질할 때는 고통스러웠을 것이다. 그러나 실패에서 얻은 교훈을 평생토록 잊지 않고 경영에 활용했다. 특히 전체를 보지 못하고 사업에 뛰어들었다가 낭패를 본 20대의 실패는 평생 동안 사업 밑천이 됐다.

성공은 성적순이 아니라 실패를 경영하는 능력순인지도 모른다.

삼성맨이
곧 삼성이다

내 일생의 80퍼센트는

인재를 모으고 교육하는 데 썼습니다.

내가 키운 인재들이 성장하면서 두각을 나타내고

좋은 업적을 쌓는 모습을 볼 때

고맙고 반갑습니다. 아름답습니다.

선택 2

기업의 씨앗은 사람이다

믿는다는 용기

"의심스러운 사람은 채용하지 말아야지요. 하지만 이미 채용했다면 의심하지 말아야 합니다. 일단 그 사람을 받아들였다면 모든 것을 맡겨야 합니다."

이병철은 송나라 역사를 적은 《송사》에 나오는 '의인불용 용인불의'(疑人不用 用人不疑, 믿지 못할 사람은 쓰지 말고, 일단 쓴 사람은 의심하지 말라는 뜻)라는 말을 자주 인용했다.

철강왕 앤드류 카네기의 묘비명은 "자기보다 현명한 사람들을 주위에 모으는 법을 알았던 자, 여기에 잠들다"인데, 이병철 역시 성실하고 우수한 인재들을 모을 줄 아는 사람이었다.

삼성상회 다음으로 양조 사업을 시작했을 때 평생을 함께할 귀한 인재들을 얻었다. 바로 김재소, 이창업(전 삼성물산 사장), 김재명 등이었다.

이병철이 양조 사업을 시작한 두 가지 이유가 있었다. 하나는 사업가로서 다른 사업을 하고 싶었기 때문이고 또 하나는 위험을 분산시키고자 하였기 때문이다. 중일전쟁이 날이 갈수록 격해지고 있어서 국가 총동원령이 내려졌기 때문에 군수 산업을 제외하고는 모두가 침체되었다. 그러나 양조업은 안전한 사업에 속했다. 시장 개척도 필요 없고 할당받은 만큼만 생산하면 됐다. 생산만 하면 자동으로 소비가 이루어지고 세금도 적었다.

그는 대구에서 두 번째 가는 '조선양조'가 매물로 나오자 이를 인수했다. 연간 7,000섬 규모의 공장이었다. 그는 조선양조를 직접 경영하지 않고 관련 분야에서 일하고 있던 이들을 영입했다. 김재소를 사장, 이창업을 지배인, 김재명을 공장장으로 맞았다. 그들은 각자의 위치에서 공장을 맡아 성실하게 운영했다.

그들을 신뢰한 이병철은 해방이 되자 그들에게 공장뿐 아니라 근처의 과수원까지 맡겨두고 서울로 이사를 했다. 서울에서는 다시 무역 회사를 열었는데, 이번에는 형의 친구인 조홍제(효성그룹 창업주)와 김생기(영진약품 창업주)를 영입해 삼성물산공사를 설립했다. 삼성물산공사는 홍콩과 싱가포르 등에 오징어와 한천을 수출하고 면사를 수입하는 일을 했는데 일상생활에 꼭 필요한 상품을 취급했던 만큼 통관 즉시 모두 팔려나가 큰 수익을 얻었다. 회사는 급성장했고 이병철은 조선양조 공장에는 더 이상 신경을 쓸 수 없었다.

"사장님, 자주 못 오시면 서류로 보고라도 받으시지요."

김재소가 물었지만, 이병철은 웃으며 답했다.

"됐네. 그냥 알아서들 하시게."

이병철은 대구의 직원들을 믿었기에 걱정하지 않았다. 옛날 만주에서 만난 중국 상인들이 그러했던 것처럼.

귀한 사람, 귀한 돈

일단 쓰면 그들이 재량껏 일할 수 있도록 내버려두고, 큰 잘못을 저지르지 않는 한 인정해주었던 그의 용병술은 난세에 더 빛을 발했다.

한국전쟁이 터지자 한창 잘나가던 회사는 오히려 위험한 폭탄이 되었다. 무역회사로서는 일곱 번째로 큰 회사였기 때문에 삼성물산공사는 공산주의자들의 첫 번째 표적이 되었다.

전쟁이 나자 이병철은 혜화동의 집을 떠나 지금의 송파구 쪽으로 피신했다. 운전기사 위대식이 평소 자신을 믿고 가족처럼 대해준 이병철을 위해 목숨을 걸고 자기 집 다락방을 내어준 것이었다.

"자네가 우리 목숨의 은인이야."

"아닙니다, 사장님. 오히려 죄송합니다. 제가 인천에 있던 창고 물건을 빼내어 암시장에 처분하고 말았습니다."

그는 이병철의 가족들을 피신시키느라 인민군에게 뇌물을 주기 위해 창고의 물건을 처분한 일을 고백했다.

"우리 가족을 살리기 위해서 한 일인데 미안하다니. 고맙네. 정말 고맙네."

이병철은 위대식의 손을 잡고 진심으로 감사해했다. 위대식은 그 뒤로도 오랫동안 이병철의 운전기사였고 기꺼이 그의 손발이 되어주었다.

이병철의 가족들은 위대식의 집 다락방에서 숨어 지내다가 부산으로 피난을 내려갔다. 피난길은 정말 비참했다. 말 그대로 땡전 한 푼 가진 것 없는 빈털터리였다. 더 기가 막힌 것은 피난을 내려가는 길에 우연히 이병철의 차를 발견한 일이었다.

"사장님, 저건 우리 차가 아닙니까? 저런 나쁜 놈들이 있나!"

위대식의 말을 듣고 바라본 곳에는 이병철이 얼마 전에 구입한 쉐보레 자동차가 서 있었다. 인민군이 몰수한 그 차 안에는 공산당의 고위 간부였던 박헌영이 타고 있었다. 억울하고 기가 막혔지만 큰소리를 내어 따질 수도 없는 상황! 이병철은 그저 묵묵히 걸음을 옮겼다. 어쩔 수 없는 일에 기운을 빼기보다 가장으로서 가족들에게 따뜻한 잠자리라도 구해주는 일이 더 급했다.

"여보, 아이들이 많이 지쳐 보이는구려. 우리 대구에 들렀다가 내려갑시다. 전쟁 중이지만 아는 사람들이 있으니 따뜻한 잠자리라도 구할 수 있지 않겠소."

이병철은 대구에 들러 오랜만에 조선양조를 찾았다.

"사장님, 어서 오십시오."

전쟁 중이라 인심이 각박해질 대로 각박해져 있었지만, 조선양조 직원들은 그를 뜨거운 포옹으로 맞아주었다.

"많이 초췌해지셨습니다. 건강은 괜찮으십니까?"

"괜찮습니다. 하지만, 하지만… 난 이제 끝난 것 같습니다."

선택 2

이병철의 입에서 가족들 앞에서는 차마 내뱉을 수 없었던 시름과 좌절이 터져 나왔다.

"사장님, 이렇게 무너지시면 안 됩니다. 자, 이걸 가지고 가십시오."

김재소, 이창업 등이 돈뭉치를 내밀었다. 그냥 보기에도 두둑했다.

"이 전란 중에 어떻게 이렇게 많은 돈을 마련했습니까? 그리고 내가 이 돈을 받아도 되겠습니까?"

"그동안 양조장을 운영해서 모아놓은 것이니 사장님 돈입니다."

돈뭉치를 자세히 살펴본 이병철은 깜짝 놀랐다. 당시 대구도 전시 상황이었기 때문에 양조장 운영이 쉽지 않았다. 특히나 자금 관리가 허술했던 시대였다. 그러나 그들은 이병철이 그동안 신경을 쓰지 못했음에도 수익금을 꼬박꼬박 모아둔 것이었다. 이병철의 눈에 금세 뜨거운 눈물이 고였다. 고마움과 기쁨의 눈물이었다.

'옛말에 순탄한 시대는 벗을 만들고 고난의 시기는 벗을 시험한다고 했는데 그 말이 틀리지 않았구나. 이들이 마음만 먹었으면 그동안 돈을 빼돌리고도 남았을 것이다. 그런데 정직하게 회사를 운영하고 이렇게 수익금까지 차곡차곡 모아두었다니!'

이병철은 경영에서 사람이 가장 중요하다는 사실을 새삼 깨달았다. 그리고 누가 진정한 벗인지를 보는 눈을 가졌다.

이병철이 조선양조 직원들에게 건네받은 돈은 모두 3억 원이나 되었다. 이것은 전쟁으로 인해 상심했던 이병철에게 다시 삶의 의욕을 갖게 했다. 그는 3억 원을 종잣돈으로 삼아 임시 수도인 부산에서 삼성물산을 열었다.

서울에서 운영했던 삼성물산공사를 재건한 것이었다. 새로운 사업의 종잣돈이자 새로운 인생을 살게 한 값진 돈이었다.

이병철은 돈으로도 살 수 없는 '사람들'을 얻었다는 것을 평생 동안 감사하게 생각했다. 이창업은 창업 공신이자 지기로 제일모직을 거쳐 삼성물산 사장을 지냈다. 부지런함과 솔선수범이 몸에 밴 공장장 김재명은 제일제당 공장장에서 시작해 사장을 지내고 이후 동서식품을 창업하였다.

최초의 사원 공개 채용

기업을 경영하는 데 사람이 얼마나 중요한지 절감한 이병철은 좋은 인재를 등용하는 데에 정성을 들였다. 인재 등용을 위해서 시대를 앞선 제도를 도입했다. 가장 먼저 시작한 것은 사원 공개 채용이었다.

"제일모직에서 사원을 공개적으로 뽑는다고?"

"제일모직은 월급도 많이 주고 직원들 복지도 잘되어 있는 걸로 유명하잖아. 우리 한번 지원해볼까?"

1957년, "제일모직에서 우수한 인재를 구한다"라는 기사를 본 사람들은 술렁였다. 관공서도 아니고 민간 기업이 사원을 공개 채용하기는 처음이었기 때문이다. 소문이 퍼지자 친척 가운데 한 사람이 이병철을 찾아왔다.

"우리 애가 능력이 없어서 이러는 게 아니라… 데려다 쓰시면 도움이 되어드릴 겁니다. 잘 좀 부탁합니다."

"그러지요. 능력이 있으면 당연히 붙을 것이니 너무 걱정 마십시오."

"예? 그럼 시험을 치르라는 말씀이신가요?"

"능력이 있다는 걸 보여줘야 특혜라는 오해를 받지 않고 회사 생활도 편히 할 것입니다."

이병철은 아무리 가까운 친척이라도 그냥 사람을 거두지 않았다. 전국 각지에서 사람을 모았다. 지역과 학교에 상관없이 상경대, 법대, 공대, 사회과학대, 인문대 출신을 두루 뽑았다. 1차로는 필기시험을 치렀는데 과목은 영어, 상식, 전공 세 가지였다. 2차로 이루어진 면접은 이병철이 직접 보았다. 아무리 바쁜 일이 있어도 면접만은 되도록 거르지 않고 30년 동안 직접 했다. 또 혹시 좋은 인재를 놓칠까봐 되도록 많은 사람을 만나보려 했다.

"회장님 올해는 100명을 뽑을 예정이니 2배수로 200명을 뽑아 면접을 치르겠습니다."

임원이 보고하면 이런 답이 돌아오곤 했다.

"3배수로 해서 300명을 뽑으세요. 필기시험 결과는 좋지 않더라도 아까운 인재가 있을 줄 누가 압니까?"

그리고 면접을 치를 때 서류 옆에 필기시험 점수를 적지 못하게 했다. 성적만으로 사람을 판단하지 않겠다는 뜻이었다. 그럼 필기시험 성적도 대학도 보지 않고 무엇으로 점수를 매겼을까?

이병철이 신입사원들의 면접 과정에 직접 참석해 한 질문은 "결혼은 했나?", "고향은 어딘가?"처럼 아주 평범한 것들이었다. 답하기 어려운 질문은 하나도 없었다. 답변의 내용보다도 답변할 때의 예의와 태도, 인간으로서의 교양과 됨됨이를 날카롭게 살펴보았다. 뒤돌아 나가는 지원자의 구두 뒷굽까지 유심히 관찰했다.

이병철은 지성과 덕을 겸비하고 능동적인 사람을 선호했다. 한번은 사회학과를 졸업한 지원자와 면접을 하였다.

"왜 삼성에 들어오려고 합니까?"

당시 대부분의 회사들이 상경계열학과 졸업생을 많이 뽑던 시절이었다.

"제가 사회학과를 졸업해서 입사 자격이 없을 수도 있습니다. 하지만 저는 노동 문제에 관심이 많습니다. 나중에 우리나라도 노동 문제가 중요해질 것입니다. 삼성에 근무하면서 노동 관련 업무를 하고 싶습니다."

지원자는 조금도 주눅 들지 않고 당당하게 자신의 생각을 말했다.

"생각 잘했습니다. 들어오십시오."

이병철은 이 말과 동시에 지원자 서류 옆에 '갑'이라고 썼다. '갑'은 합격이고 '을'은 불합격이었다. 나중에 이 지원자는 삼성그룹의 사장이 되었다.

그가 실제로 좋은 인재를 많이 발굴해내는 것을 지켜본 직원들은 매서운 그의 눈썰미를 인정하였다.

이병철은 신입사원을 직접 면접하지 않을 때에는 면접관들을 개별적으로 불러 무엇을 가장 염두에 두고 사람을 뽑을지 꼼꼼하게 물어보았다. 때문에 면접관들은 늘 그가 지켜보고 있는 것처럼 긴장하고 면접에 임했다.

인재를 모으다

이병철은 공채 외에도 훌륭한 인재를 영입할 수 있는 방법을 다양하게 고민했다. 똑똑한 사람이 있다고 하면 당장 알아보라고 지시를 내렸다. 분야도 다양했다.

1975년 삼성그룹이 국내 최초로 종합상사를 설립할 때였다.

"사람이 필요해요, 사람이. 은행에 한번 다녀와주어야겠어요."

"은행이요?"

이병철이 말한 은행은 한국은행과 산업은행이었다. 당시 한국은행과 산업은행 조사부에는 분석력이 뛰어나고 해외 거래에 관해 금융 지식이 풍부한 사람이 많았다.

얼마 후에는 또 같은 사람을 불러 이렇게 지시했다.

"종합적인 행정 능력이 있는 인재가 필요합니다. 군수 출신 중에서 우리 회사에서 일할 수 있는 좋은 사람을 좀 알아보십시오."

삼성 이후로 앞다퉈 생겨난 다른 종합상사들이 사람을 뽑을 때 삼성의 인재 등용을 참고하기도 했다.

이병철은 반도체 산업에 뛰어든 뒤에도 인재의 필요성을 강조했다.

"우리의 살길은 첨단 기술입니다. 좋은 사람은 다 데리고 와야 합니다."

이병철은 모든 경영진에게 이렇게 일렀다. 외국의 최신 경영 기법을 배우고 그를 능가하는 팀을 구성하라고도 했다. 그에게 특별 지시를 받고 미국에서 일하는 반도체 전문가들을 만나고 온 임원이 코가 한 자는 빠져서 돌아왔다.

"회장님, 반도체 쪽 사람들 몸값이 엄청납니다. 어떻게 할까요?"

"얼마나 됩니까?"

"월급이 저희 삼성전자 사장 월급과 맞먹습니다."

"그래요? 그 정도면 되는 겁니까? 그럼 주십시오."

"회장님, 정말 그래도 되겠습니까?"

"아무리 우리가 좋은 조건을 제시해도 미국에서 일하는 편이 그 사람들 경력에 유리한 것이 사실 아닙니까? 우리나라 반도체 산업 발전을 위해 일해준다는 것만으로도 고마운 일이지요."

이병철은 인재를 얻는 데는 투자를 아끼지 않았다. 최고의 연구 환경, 최고의 보수 그리고 스카우트한 이후에도 그들이 끈기를 갖고 회사에 적응할 수 있도록 모든 지원을 해주었다. 전 정보통신부 장관을 지낸 진대제가 미국 반도체 회사의 백지 수표도 마다하고 "일본을 잡으러 갑니다"라는 말과 함께 삼성전자로 자리를 옮긴 일화는 업계에서 유명하다.

'내 일의 80퍼센트가 사람을 육성하고 일을 맡기는 데에 있다. 일의 기본만 전하고 싶다. 좋은 사람을 데려오는 것이 내 보람이다.'

이병철의 이런 생각은 결국 반도체 산업 발전의 자양분이 되었다.

선택 2

무섭고 다정한 우리 회장님

떡잎부터 건강하게

1년을 생각하면 꽃을 심고, 10년을 생각하면 나무를 심고, 100년을 생각하면 인재를 기르라는 말이 있다. 이병철은 좋은 인재를 뽑는 것만이 능사가 아니라고 생각했다. 그래서 1974년에 인사고과제도를 체계화하고 1982년에는 국내 최초로 그룹연수원을 만들었다.

이병철은 비서실 직원에게 매일 용인에 있는 동방생명연수원(현 삼성연수원)에 그날 교육받는 사람이 몇 명인지를 보고하도록 했다.

"교육받을 연수생은 170명입니다."

당시 비서 이름은 손병두(서강대학교 총장을 거쳐 KBS 이사장 역임)였다.

'왜 매일 이런 보고까지 해야 하는지 모르겠네.'

손병두는 자연농원의 공작새 수와 연수생들 수에 유난히 관심을 보이는 회장이 이해가 되지 않았다.

"170?"

이병철이 되물었다.

"당장 계열사에 전화해서 더 보내라고 하십시오."

"예?"

"못 들었습니까?"

"아, 네. 알겠습니다."

갑자기 떨어진 불호령에 손병두는 전화통에 불이 나게 그룹 계열사 인사과로 전화를 돌렸다. 연수원 정원이 230명이었다. 이후로도 교육 인원이 180명 미만이면 불호령이 났다.

"손 비서, 아무리 유능한 신입사원을 뽑았어도 입사 후에 제대로 배우지 못하면 쓸모없는 사람이 되는 수가 있습니다. 또 입사할 때 다소 성적이 나빴던 사람도 사내 훈련으로 유능해지는 경우도 있지요. 떡잎부터 건강하게 키워야 합니다. 제대로 가르쳐서 자신에게 맞는 위치에서 맞는 일을 하는 것이 개인에게도 좋고 사회적으로도 좋은 거 아닙니까?"

이병철이 생각하는 직원 연수는 신입과 기존 직원을 막론하고 최고경영자의 기업가 정신을 함께 공유하면서 동시에 자신을 개발하는 교육이었다. 그러다보니 다른 회사에서는 볼 수 없는 광경도 종종 벌어졌다.

1977년 경기도 용인의 동방생명연수원 대강당. 4주간의 신입사원 연수를 마친 신입사원들이 돌아가면서 연수 소감과 앞으로의 포부를 밝히고 있었다. 이때 번쩍 손을 들고 나선 한 사원의 말은 그 자리에 있는 사람들을 놀라게 했다.

"솔직히 삼성의 신입 사원 교육에 실망했습니다."

"실망한 이유가 뭡니까?"

삼성이 국내 최고의 교육 연수 시스템을 갖고 있다고 자부하던 교육팀 조교는 언짢은 목소리로 물었다.

"경쟁사인 현대는 정주영 회장까지 직접 나와 강릉에서 씨름 대회도 한다고 하는데, 우리는 이게 뭡니까? 이렇게 무성의해도 되는 겁니까?"

이 겁 없는 새내기 직원의 한마디에 연수원 강당에는 침묵이 흘렀다.

'저 친구 입사한 지 얼마나 됐다고 저런 소릴 하지? 윗분들 눈 밖에 나면 어쩌려고.'

'쯧쯧. 1년도 못 버티겠군!'

입사 동기들은 속으로 생각했다. 그러나 조교들 생각은 달랐다.

'이번에도 물건이 하나 들어왔구나.'

삼성은 결코 윗사람들 눈치를 보며 할 말을 못하는 직원을 원하지 않았다. 이 맹랑한 신입사원의 이름은 최지성. 훗날 삼성전자의 대표이사이자 부회장이 되었다.

신상필벌

이병철은 생전에 삼성 사보에 이런 글을 남겼다.

"나는 사업을 처음 시작할 때부터 모든 일은 사람에서 비롯된다는 생각을 가지고 출발했고 지금도 그 원칙으로 일관하고 있다. 우리 직원들이 나를 생각하고 대접하고 있지만 나는 인재라고 기억되는 사람을 그들이 나를 대접하는 것보다 수십 배로 더 생각해준다. 그런 인재들을 적소에 배치해 그들의 장래와 생활 안정을 보장한 후에 모든 일을 맡기는 것이 바로 경영의 요체라고 생각한다."

이병철은 공을 세운 사원에게는 상하를 막론하고 과감한 경제적 보상, 파격적인 승진 혜택을 주었다. 초기 삼성에서 일한 사람들의 이야기를 들으면 일을 맡기고 또 맡겨 밤잠을 제대로 못 잘 정도였는데 보너스를 받아보면 숫자 '0'이 하나 더 있었다고 한다. 최고경영자의 이런 경영 원칙은 열정과 야망이 있는 직원들에게 강한 동기를 부여했다.

맹랑한 신입 사원으로 주목받았던 최지성! 그는 연수를 마친 1977년 삼성물산에서 일을 시작해 1985년에 독일 프랑크푸르트에 삼성반도체 사무소장으로 파견되었다. 직원 하나 없는 1인 사무소장이었다. 사무실에 덜렁 책상 하나만 놓여 있을 뿐 주변에는 의탁할 사람이 없는 상황이었다.

'아! 어떻게 하지?'

한숨이 절로 나왔다. 그러나 고민의 시간은 길지 않았다. 그는 당장 현지

선택 2

전화번호부부터 구해 뒤졌다. '전자'나 'PC'가 들어 있는 상호를 무조건 찾아내 전화를 걸었다. 현지 시장 개척을 위해 찾아다니는 이른바 '보부상' 영업을 시작한 것이었다. 영업은 고독한 강행군의 연속이었다. 한번 길을 나서면 왕복 1,200킬로미터가 넘는 여정을 소화해내야 했다. 한번은 프랑스 앙제에 있는 회사 '톰슨'의 공장을 찾아가는데 눈길에 차가 미끄러져 논두렁에 처박히는 사고를 당했다. 사고로 차는 완전히 부서졌지만 최지성은 다행히 약간의 찰과상만 입었다. 도로 돌아올 법도 했지만 그는 기어이 공장까지 찾아갔다. 공장 담당자가 놀라 물었다.

"사고를 당했는데 쉬지 않고 오시다니요. 왜 이렇게 무리하게 일합니까?"

최지성은 웃으며 대답했다.

"저는 항상 지금 앉아 있는 이 자리가 마지막이라는 마음으로 생활해야 직성이 풀리거든요."

그는 애플이 미국에서 제품 발표를 하면 밤을 새워가면서 직접 모니터하고 새벽에도 이메일을 체크할 정도로 독하게 일했다. 그런 열정을 발휘해 삼성 텔레비전을 세계 1위로 만들었고 삼성 휴대폰이 노키아를 따라잡도록 기반을 닦았다.

중국의 고전 《삼국지》를 보면 여러 종류의 인물이 나온다. 발상이 자유로운 사람, 기록을 잘하는 사람, 행동이 빠른 사람, 침착하게 관리를 잘하는 사람 등 각양각색이다. 그리고 이렇게 각기 다른 특성이 있는 사람을 적재적소에 배치하는 제후가 전쟁에서 승리한다.

이병철 역시 직원들의 특성을 정확하게 파악하고 주변에 여러 종류의 사람을 뒀다. 기발하고 창조적인 '기획통', 치밀하고 분석적인 '관리통', 돌파력이 뛰어난 '불도저형' 등 다양한 사람들을 잘 조합해 썼다.

최지성이 추진력이 뛰어난 불도저형이었다면 김순택(삼성그룹 부회장)은 치밀하고 대표적인 기획통이었다. 물론 최지성이나 김순택처럼 열심히 일해서 놀라운 성과를 올리고 큰 보상을 받는 직원들도 있었지만 가끔은 해를 끼치는 사원들도 있었다. 이병철은 그런 직원들을 어떻게 대했을까? 어느 날 감사실 직원이 보고를 했다.

"그룹 내 계열사 직원이 납품업체에서 금품을 받았습니다. 더 조사를 해보니 공장장 이하 열댓 명의 직원이 물건값 외에 얼마씩을 상납받고 물건을 내주었답니다."

이병철은 즉시 회사 사장을 호출했다. 그는 명문 대학을 졸업한 엘리트에 덕망과 식견이 있고 무리 없이 사장 승진을 한 사람이었다.

"이것이 어찌 된 일입니까?"

"면목 없습니다. 모두가 제 불찰입니다."

"어떻게 할 생각입니까?"

"원칙대로 하자면 해고하는 것이 맞겠습니다만 이들은 해고하면 당장 취직할 곳도 없습니다. 이번 한 번만 용서를 해주면 어떨까요?"

"나는 해고해야 된다고 생각합니다."

"회사로서도 대체할만한 인력이 없으니 선처해주십시오."

"정 그렇게 생각한다면 뜻대로 하십시오."

이병철은 내키지는 않았지만 사장의 뜻을 존중했다.

그런데 1년 후 다시 그 회사를 감사한 결과는 충격적이었다. 부정은 회사 전체에서 공공연하게 이루어지고 있었다. 하역장 직원을 포함해 200명이 넘는 직원이 비슷한 물의를 일으킨 것이었다. 보고를 받은 이병철은 사장을 다시 불렀다.

"일찍 싹을 잘라냈으면 이런 일이 없었을 텐데 왜 그냥 두었습니까? 다른 사람이 피해를 봤잖습니까?"

그 뒤로는 회사 조직에 물의를 일으키는 사람들을 가차 없이 쫓아냈다.

평소 최선을 다했는데 어쩔 수 없이 그렇게 됐으면 별로 나무라지 않았지만 게으름이나 방심, 도덕적으로 해이해서 생긴 일이라면 아무리 작은 것이라도 용서하지 않았다. "이병철은 얼음처럼 차가운 사람이다"라는 말을 들을 정도였지만 개의치 않았다.

"잘못한 사람을 제재하고 잘하는 사람에게 상을 주는 신상필벌(信賞必罰, 상과 벌을 공정하고 엄중하게 하는 일을 이르는 말) 제도가 없다면 회사나 국가는 발전할 수 없다. 신상필벌이야말로 바로 인사 관리의 핵심이다."

마의 오찬

성공한 기업가들은 모두 현장을 중요하게 생각한다. 하지만 현장을 어떻게 관리하는가는 각자 스타일에 따라 다르다. 이병철은 현장을 본인이 직접 챙기기보다는 가이드라인을 제시하면서 담당 임원이 재량껏 관리하도록 했다. 그래서 회의에 많이 참석하는 편이 아니었다. 서류 결재도 거의 하지 않았다. 자신이 할 일은 '삼성이 가야 할 길'처럼 큰 방향을 제시하는 것이라고 생각했다. 그가 입버릇처럼 했던 말 중 하나가 "나한테는 자네들이 할 수 있는 일 말고 더 어려운 일을 맡겨라"였다.

이병철이 공식적으로 참여하는 회의는 연말에 사장단과 함께하는 회의뿐이었다. 이 회의를 끝내고 나면 일본으로 건너가 경영진 인사를 구상하

선택 2

고는 했다. 회의장에는 삼성그룹의 모든 임원이 모여 지난해 실적과 새해 사업 계획을 발표했다. 삼성의 최고 경영진만이 참석하는 이 회의를 두고 직원들은 '어전 회의'라고 부르기도 했다. 과연 그 회의장은 어떤 분위기였을까?

사장단은 차례로 자신의 순서에 나와 연간 브리핑을 했고, 이병철은 중간중간 질문을 던지면서 관련 지시를 내렸다. 그는 여기서도 길게 말하지 않았다. 일단 그가 입을 열면 삼성 본관 28층 대회의실에는 바늘 떨어지는 소리까지 들릴 정도로 고요해졌다. 보고가 끝나면 회장의 담화가 시작됐다. 그가 운을 떼면 회의장은 다시 한 번 찬물을 끼얹은 듯 조용해졌다. 굵직한 경영 방향에 대한 이야기가 나오는 데다 한 해 경영 실적에 대한 질타와 격려가 이어졌기 때문이다.

당시 삼성은 매주 수요일과 토요일, 일주일에 두 번씩 오전 11시에 사장단 간담회를 열었으나 이병철은 이 회의에는 참석하지 않았다. 그는 회의실 대신 식탁을 회의장으로 즐겨 사용했다. 임원진들에게 결코 즐거운 시간은 아니었다.

"사장님, 회장님께서 내일 점심 같이 하자고 하십니다."

회장 비서실에서 연락이 오면 사장은 바짝 긴장할 수밖에 없었다.

'아, 마의 오찬이다!'

마의 오찬은 회의를 대신한 오찬에서 송곳 같은 질문이 끊임없이 날아들기 때문에 붙은 별칭이었다. 이병철은 질문을 함으로써 당사자들이 스스로 공부하도록 만들기를 좋아했다. 자꾸 문제를 제기해서 스스로 푸는 방법을 찾도록 하려는 의도였다.

이병철은 이유를 묻지 않으면, 달을 보라고 가리키는데 손가락만 보는 오류에 빠진다고 종종 말했다.

"어떤 문제로 윗사람이 화를 냈을 때 '왜'를 묻지 않는 사람들은 '일단 바짝 엎드려 있자'라는 생각이 먼저 들게 마련입니다. 거꾸로 '왜'를 묻지 않는 부하 직원을 둔 상사는 답답할 수밖에 없지요. '왜'를 묻지 않는 사람에게 창조적 아이디어를 기대하기는 어렵습니다."

그는 임원 회의에서나 다른 사람과 얘기를 나눌 때 무척 열심히 들었다. 상대방이 말하는 중간에 끊고 말하는 법이 일절 없었다. 그렇게 충분히 들었는데도 답이 만족스럽지 않으면 얼마간의 시간을 주고 난 후 다시 불렀다. 이런 일이 몇 번 되풀이되면 "사장 자격이 없다"라고 평가했다.

사정이 이렇다보니 마의 오찬에 '초대'된 경영자들은 부하들이 만들어준 모범 답안을 앵무새처럼 되풀이할 수가 없었다. 이병철은 의심하거나 무턱대고 넘겨짚는 질문은 하지 않았다. 비서실에 사전 자료를 준비하도록 하고 자신도 공부했다. 상당한 공부를 한 뒤에 질문을 던졌기 때문에 계열사 사장들은 자신의 회사가 부닥친 문제가 무엇이지 해결책은 무엇인지에 대해 자체 회의를 거듭할 수밖에 없었다.

치명적인 매력

경영진이 늘 깨어 공부하기를 원했던 이병철. 그 자신 역시 자신이 가진 모든 에너지를 불태워서 일했다. 무슨 일을 하든 최선을 다해 빈틈없이 꼼꼼하게 준비했다.

어느 날 비서 손병두가 전국경제인연합회(전 한국경제인협회, 이하 전경련)에서 소식을 갖고 왔다.

"회장님 전경련 국제경영원(현 IMI)이 처음으로 최고경영자 과정을 만들었는데 첫 강사로 회장님을 모시고 싶다는 연락이 왔습니다. 전경련을 최초로 만든 회장님께 삼성의 경영 철학과 경영 이념을 듣고 싶다고요. 강연을 하시겠습니까?"

"누가 오지요?"

"국내 최초로 중견급 이상 기업 사장들을 대상으로 3개월짜리 프로그램을 만들었다고 합니다."

"그래요? 해보지요, 뭐. 메모 준비하십시오."

다음날, 손병두는 삼성의 경영 철학과 이념을 이병철 본인의 경험담 위주로 정리해주었다. 이병철은 그 내용을 수정해서 주었다. 그런데 며칠 후 손병두가 좌불안석이었다. 동료가 물었다.

"무슨 일이에요? 왜 그리 진땀을 빼?"

"글쎄, 회장님이 전날 저녁에 하신 말씀을 다음날 아침 물어보시고, 다음날 또 물어보시고…. 계속 똑같은 말만 반복하세요. 강의를 하시겠다는 건지 안 하시겠다는 건지 모르겠습니다. 전경련 쪽에서는 언제 나오실 거냐고 재촉 전화를 하는데 미치겠어요."

매일 아침저녁으로 불려 다니기를 3개월째.

"전경련에 강의 날짜를 알려주십시오."

'드디어 살았다. 강의를 하기는 하시는구나.'

손병두가 가슴을 쓸어내리는데, 이병철이 덧붙여 말했다.

"나하고 연습한 것을 키워드만 정리한 것, 스무 장으로 정리한 것, 처음부터 끝까지 다 정리한 것까지 해서 강의 노트를 세 가지 버전으로 준비해주십시오."

'연습?'

손병두는 그제야 이병철의 그동안의 행동을 이해할 수 있었다. 이병철은 3개월 동안 자신을 상대로 강의 연습을 한 것이었다. 그의 치밀함은 여기서 끝이 아니었다.

"강의할 날이 거의 다 되었지요? 강의장 세팅에 대해서도 계획안이 다 나왔겠군요?"

"예, 그럴 겁니다."

"그러면 미리 강의장에 가서 그곳 사진을 좀 찍어오십시오."

강의하는 날, 이병철은 강의장에 있는 병풍에 어울리는 색깔의 양복과 넥타이까지 갖추고 갔다. 그리고 멋지게 강의를 마쳤다.

이런 치밀함과 냉정한 인사 정책에 대한 이야기만 듣고 '이병철은 정말 인간미가 없구나!' 하는 사람도 있었다. 그러나 인간미가 없는 사람이 과연

충성스러운 직원들을 얻을 수 있었을까?

이병철을 잘 알던 사람들은 "우리 회장님은 다른 사람을 '내 사람'으로 만드는 치명적인 매력을 가지고 있다"라고 말했다. 치명적인 매력은 이병철의 무뚝뚝함 속에 숨어 있는 '세심하고 따뜻한 속마음'이었다.

수원에 삼성전자 공장이 생겨서 텔레비전 조립을 막 시작하던 때 회사 마루 밑에는 큼지막한 독이 가득 놓여 있었다. 멀리 시골에서 온 직원들이 끼니때마다 맛있는 고향 김치가 생각날 거라며 이병철이 준비하게 한 김치였다.

간혹 점심시간이 되어서 보고가 끝나고 임원이 서둘러 나가려 하면 그는 밥 먹고 가라며 붙잡았다. 회장인 이병철이 어려워 임원이 그냥 가려고 하면 밥 때에 그냥 가는 거 아니라며 다시 붙잡았다. 이때의 점심은 '마의 오찬' 때와는 분위기가 달랐다. 맛있는 반찬을 상대에게 권하기도 하고 후식으로 나온 과일을 직접 집어주기도 했다. 한번은 한 직원이 입술이 터진 것을 보고 약을 건네준 적도 있었다.

서릿발처럼 차갑고 무서운 줄만 알았던 이병철은 이렇듯 함께하는 사람들을 살뜰히 챙겨주는 따뜻한 리더의 면모도 지니고 있었다.

이병철의
성공법칙

사람을 믿지 못하면 쓰지를 말고, 썼으면 믿고 맡겨라!

"모든 시작은 사람이다. 기업은 사람이 한다. 사람이 기업을 움직이고 기업의 성패를 좌우한다. 그런데 사람을 만들어내는 것 또한 기업이다."

이병철 할아버지는 기업을 경영할 때 사람을 제일 중요하게 생각했다. 그러다보니 사람 욕심도 많았다. 상대가 물건을 달라면 주었지만 길러온 사람을 달라면 주지 않았다.

일본 파나소닉의 경영자였던 마쓰시타 고노스케는 '경영 귀신'으로 불릴 정도로 일본에서 존경받는 경영인이었다. 그런데 이 사람은 스스로 자기 몸 하나를 건사하기 어려울 만큼 몸이 약했다고 한다. 누군가가 그에게 물었다.

"몸이 약한데 어찌 그리 회사를 잘 경영합니까?"

고노스케 사장이 대답했다.

"저는 평생 '어떤 사람이 그 일을 제일 잘할까' 한 가지만 생각해왔습니다."

인재 등용이 얼마나 중요한지를 알려주는 일화이다. 이병철 할아버지도 아무리 우수한 인력이라도 적소에 배치되지 않으면 제 역할을 해내지 못하고 거꾸로 능력이 부족한 사람도 적소에 배치해 적절한 지도와 교육을 받게 하면 훌륭한 인재가 된다고 생각했다. 또 그렇게 한번 등용한 인재를 철저히 믿을 줄 알았다.

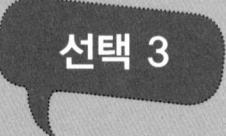

선택 3

믿고 전진하라, 모든 것은 올바르게 돌아가리니

기업가의 본령은 돈을 버는 것도
현상을 유지하는 것도 아니다.
다른 사람이 하지 않고
할 수 없는 사업을 일으키는 것이다.

선택 3

10년의 꿈,
10년의 도전

비료 공장 건설의 꿈

"비료를 우리 힘으로 만들어 쓸 수만 있다면 외화를 절약할 수 있을 텐데…."

이병철이 비료 사업에 뛰어든 것은 1950년대 후반 '호남비료' 주식을 사들이면서부터였다. 당시 사람들 사이에선 '우리나라 대통령은 세 사람'이라는 말이 돌았다. 한 사람은 이승만 대통령, 한 사람은 미국 대사, 나머지 한 사람은 이병철을 말했다. 이병철에 대한 이 같은 기대감에는 허약한 나라 경제를 튼튼하게 해서 모두가 잘사는 나라를 만들어주기를 바라는 국민들의 열망이 담겨 있었다. 실제로 제일제당과 제일모직의 연이은 성공으로 한국 제일의 기업가가 된 이병철은 앞으로 어떤 사업을 하더라도 성공할 수 있다는 자신감에 차 있었다. 국가 발전의 기틀이 되는 기간산업을 해야겠다는 생각에 비료 공장을 짓기로 한 것도 그 무렵의 일이었다.

"제일제당과 제일모직으로 먹는 문제, 입는 문제를 어느 정도 해결했다지만 이것만으로는 부족하다. 기업인이라면 사회 전체를 풍요롭게 하는 일을 해야 한다."

농촌에서 태어난 이병철은 농사를 지을 때 비료가 얼마나 중요한지를 잘 알고 있었다. 전 국민의 60퍼센트가 넘는 사람들이 농사를 지었는데, 농사에 필요한 비료의 대부분은 비싼 수입품이었다.

물론 우리나라에도 비료 공장은 있었다. ICA(국제협조처, 현 AID) 자금으로 지은 '충주비료'와 정부가 보유한 달러로 지은 '나주비료'였다. 하지만 두 공장의 생산량을 모두 합쳐봤자 연간 10만 톤에 불과했다. 해마다 늘어나는 수요를 충당하기는커녕 당장 필요한 40만 톤도 감당하기 어려웠다. 이병철이 그토록 간절히 연간 30만 톤 이상의 번듯한 비료 공장을 세우고 싶어 했던 이유였다.

하지만 여기에는 큰 걸림돌이 있었다. 비료 공장을 짓고 운영할 수 있는 자본과 기술을 어디서, 어떻게 구하느냐는 문제였다. 그중에서도 자본 문제가 가장 심각했다. 기술은 돈만 있으면 사올 수 있었다.

"1차로 5,000만 달러는 들어갈 텐데 해외 원조로 겨우 먹고 사는 우리나라 형편에 그 많은 돈을 어디서 구한단 말인가!"

먼저 학자들에게 자문을 구했지만 뚜렷한 답을 찾을 수 없었다. 이병철은 답답한 마음에 머리도 식히고 돌파구도 찾을 겸 해외 여행길에 올랐다.

차관에 대한 아이디어를 얻은 곳은 도쿄였다. 도쿄 오쿠라호텔에서 묵고 있던 이병철은 '비료 공장 건설 자금을 대체 어디서 구해야 하나' 하는 생각에 머릿속이 복잡했다. 무심코 텔레비전을 켠 이병철은 새해 특집 프로그램에서 뜻밖의 정보를 얻었다. 한 개인 사업가가 외국에서 차관을 얻어 사업을 한다는 내용이었다. 이병철은 그때 처음으로 개인 사업가도 차관을 얻을 수 있다는 사실을 알았다. 입가에 저절로 미소가 떠올랐다. 답답했던 가슴이 시원하게 뻥 뚫리는 기분이었다.

"외국에서 차관을 얻어 대규모 비료 공장을 세우겠습니다."

이병철이 국회의장 이기붕에게 계획을 이야기하자 이기붕은 훌륭한 생각이라며 그의 말에 힘을 실어주었다.

"우리나라로서는 차관 도입이 처음이라 장담할 수 없지만 삼성이라면 충분히 해낼 수 있을 겁니다. 최대한 지원하겠습니다."

다음날 이병철이 이승만 대통령을 찾아갔다. 이전에도 만난 적은 있었으나 사업 문제로 만난 것은 처음이었다.

"나라 경제 발전에 힘쓰고 있다는 이야기는 익히 들어서 알고 있습니다. 요즘 사업은 어떻습니까?"

"각하가 염려해주시고 나라 경제도 차츰 좋아지고 있어 잘되고 있습니다. 하지만 몇 가지 중요한 품목들을 국내에서 생산하지 못하고 있어 해마다 많은 외화가 외국으로 빠져나가고 있습니다."

여기까지 말을 해놓고 이병철은 조심스러워 했다. 이승만이 외국에서 차관을 얻어 쓰는 일에 몹시 부정적이라는 사실을 잘 알고 있기 때문이었다. 이승만은 차관을 마치 개인 간의 빚처럼 여기고 있었다. 그래서 다른 나라 돈을 가져다 쓰면 당당하게 대하기 힘들 거라며 차관을 반대했다. 예상했던 대로 대통령은 얼굴을 찌푸렸다. 이병철은 더욱 긴장했다. 1,000달러만 넘어도 대통령의 결재를 받아야 쓸 수 있었던 때였다. 하지만 이대로 물러설 수도 없는 일이었다. 정부에서 가지고 있는 달러가 채 3,000만 달러를 넘지 못하던 시절이었다.

"저는 지금 우리나라 기업인들이 해야 할 일은 수입대체산업을 하나라도 더 일으켜 달러를 가져오는 것이라고 생각합니다."

대통령이 그때서야 고개를 끄덕였다.

"그래서 저는 비료 공장을 세우려고 합니다. 현재 단일 수입 품목으로 가장 많은 외화가 들어가는 품목이 바로 비료이기 때문입니다."

대통령의 안색을 살피며 말하던 이병철의 목소리가 점점 높아졌다.

"우리나라가 필요한 만큼의 비료를 스스로 만들어 쓰려면 소규모 공장으로는 안됩니다. 적어도 국제 수준을 넘어서는 현대적인 대규모 공장을 세워야 합니다. 그러기 위해선 적어도 4,000만에서 5,000만 달러가 있어야 합니다."

"4,000만에서 5,000만 달러요?"

이승만 대통령은 엄청난 액수에 충격을 받은 것처럼 보였다. 이병철은 재빨리 자신의 계획을 밝혔다.

"하지만 너무 걱정하지 마십시오. 정부가 가지고 있는 달러는 한 푼도 건드리지 않겠습니다. 저는 그 문제를 유럽에서 차관을 얻어 해결할 생각입니다."

대통령은 이 말에 뜻밖에도 만족스러운 듯이 웃었다.

"그거 아주 좋은 생각입니다. 역시 훌륭합니다. 반드시 성사시켜주십시오. 정부에서도 적극 지원해주겠습니다."

가져간 서류에 대통령의 사인을 받은 이병철은 기쁜 마음으로 경무대를 나섰다. 단돈 1달러도 아끼는 이승만 대통령이 수천만 달러의 차관을 빌리려는 자신의 계획을 선뜻 받아주리라고 생각지 못했기 때문이다.

대통령의 승인을 받아낸 이병철의 기쁨은 그리 오래가지 않았다. 곧 마음이 무거워졌다. 자신을 위해 회사를 위해, 무엇보다 경제 건설이 시급한 나라를 위해 차관 계약을 반드시 성사시켜야 한다는 책임감 때문이었다.

맨입으로 유럽을 움직이다

이병철이 목표로 내건 차관 4,000만에서 5,000만 달러는 정부가 나선다고 해도 빌리기 힘든 금액이었다. 1950년대 말, 당시 우리나라의 총 수출액은 1,980만 달러. 세계인의 눈에 비친 한국은 외국의 지원 없이는 지탱하기 어려운 원조 경제 체제의 나라, 신용할 수 없는 나라였으며 남과 북이 휴전선을 마주하고 대치하고 있는 위험천만한 후진국에 불과했다. 그런 상황에서 어마어마한 차관을 들여와 비료 공장을 짓겠다는 이병철의 계획은 허황하게 보이기까지 했다. 하지만 포기할 이병철이 아니었다.

그는 차관을 들여와 공장을 세운 나라들이 있는지 알아보았다. 그러자 희망이 보였다. 인도와 파키스탄이 미국에서 15억 달러, 이탈리아와 프랑스도 각각 10억 달러를 미국에서 빌렸다는 사실을 알았다.

이병철은 가장 먼저 주한 서독 대사 헤르츠에게 도움을 청했다. 골동품을 수집하다 안 두 사람은 취미가 같아 빠르게 친해졌고 이제는 친구 이상의 각별한 사이였다.

"비료 공장을 건설하려면 차관이 필요합니다."

"제가 어떻게 하면 되겠습니까?"

"귀국의 에르하르트 경제 장관을 만날 수 있게 해주십시오."

헤르츠는 평소 친분이 있는 에르하르트 경제 장관에게 이병철의 차관 교섭에 적극 협조해달라는 긴 편지를 보냈고, 장관과 면담할 수 있는 시간까지 잡아주었다. 헤르츠와 에르하르트의 도움으로 이병철은 독일의 대표적인 철강 회사 '크루프(현 티센크루포스틸)'와 접촉할 수 있었다.

"잘 오셨습니다. 에르하르트 장관님으로부터 자세한 이야기는 들었습니다. 사장님이 미국 출장 중이어서 제게 협의 권한을 맡기셨으니, 무엇이 필요한지 말씀해주십시오."

크루프 본사를 찾은 이병철을 젊은 부사장이 반갑게 맞이했다.

"그동안 저희 회사는 많은 어려움을 겪어왔습니다. 미안한 이야기이기도 하지만 저희는 한국전쟁으로 다시 일어설 수 있었습니다. 한국에 도움이 되는 일이라면 뭐든지 할 생각입니다."

부사장의 호의적인 말에 이병철은 망설임 없이 본론으로 들어갔다.

"한국에 연간 생산량 35만 톤 규모의 비료 공장을 세우려고 합니다. 돈을 빌려주실 수 있겠습니까?"

답변을 기다리는 이병철의 입술이 바짝바짝 타들어갔다.

"물론입니다."

부사장은 거침이 없었다.

"정부의 지불 보증을 받으려면 복잡한 절차 때문에 시간이 오래 걸립니다. 당신이 대주주로 있는 은행의 지불 보증서를 보내주십시오."

일이 생각보다 너무 쉽게 해결되자 오히려 이병철이 당황했다.

"내 제안을 이렇게 선뜻 받아들이는 이유가 뭡니까?"

부사장이 빙그레 웃으며 대답했다.

"서독과 한국은 똑같이 민족 분단이라는 아픔을 겪고 있습니다. 우리 두 나라가 살 수 있는 길은 반공뿐입니다. 그런데 반공은 경제적으로 풍요로울 때 튼튼해지는 법입니다. 몇몇 선진국만 잘 살아선 자유와 민주주의를 지킬 수 없습니다. 다행히 서독은 80억 달러가 넘는 외화를 가지고 있습니다. 그중에서 올해 3억 달러 정도는 개발도상국가를 도울 수 있습니다. 이미 인도에도 차관을 제공했습니다. 아직 약속대로 상환되지 않고 있지만 크게 걱정하지 않습니다. 언젠가는 갚을 거라고 믿기 때문입니다. 우리 회사도 은행에 돈을 맡겨두는 것보다 더불어 잘 살아야 할 나라의 경제 발전을 돕는 것이 훨씬 더 의미 있는 일이라고 생각합니다."

한국 기업 최초로 차관 약속을 받아내는 순간이었다. 이병철은 부사장의 말에 깊은 감동을 받았다. 부사장의 손을 굳게 잡았다.

"한 달 안에 사업 계획서를 보내겠습니다."

그리고 굳게 결심했다. 한국이 선진국 대열에 올라서면 반드시 어려운 나라를 돕겠다고.

자금 문제를 해결한 이병철은 이탈리아로 떠났다. 이탈리아에는 품질이 높고 값도 싼 비료 기계를 만드는 회사가 있었다. 유럽 여러 나라에 화학 공장과 비료 공장, 광산 등 100여 개의 사업체를 거느린 글로벌 기업 '몬테카티니'의 비료 회사였다.

이병철은 비료 공장 건설 계획을 설명하고 차관을 요청했다. 사장은 시원하게 답했다.

"네, 좋습니다. 될 수 있는 대로 빨리 사업 계획서와 수입 지출 예산서, 은행의 지불 보증서를 보내주십시오."

이번에도 일이 너무 잘 풀리자 이병철은 덜컥 겁이 날 지경이었다.

"귀사에서 우리의 차관 요청을 쉽게 받아들인 이유를 말씀해주실 수 있습니까?"

"우리 회사는 한국과 인연이 깊습니다. 아시다시피 우리 회사는 1930년대에 세계 최초로 암모니아질소를 발명했습니다. 하지만 당시에는 공기 중에 떠다니는 질소로 비료를 만든다는 사실을 아무도 믿지 않았습니다. 그때 노구치라는 일본인이 처음으로 100만 달러에 우리 특허를 사서 함흥에 흥남질소비료공장을 세웠고, 그 일을 계기로 우리 특허를 사려는 사람들이 늘어났습니다."

"하지만 노구치는 일본인이 아닙니까?"

"공장이 있는 곳은 한국입니다. 이렇게 소중한 인연이 있는 한국이 비료 공장을 짓겠다고 하는데 당연히 도와야죠."

이병철은 꿈에 한 발 더 다가서게 되어 뛸 듯이 기뻤다.

날아간 비료 공장

자금과 기술 문제를 모두 해결한 이병철은 미국행 비행기에 몸을 실었다. 미국에서 해야 할 일이 남아 있었기 때문이었다. 미국에 도착한 이병철은 국무성과 상무성 담당자, 세계은행 부총재 등을 만났다. 그런데 그들의 반응이 너무도 차가웠다. 한국에 급변 사태가 발생했기 때문이었다. 4·19혁명으로 비료 공장 건설을 승인했던 이승만 대통령이 물러난 것이었다.

세계은행 부총재는 딱 잘라 말했다.

"한국은 4·19혁명으로 큰 혼란에 빠져 있을 뿐 아니라 자원이 없어 원리금을 상환할 수 있을지 의심스럽습니다."

이병철은 끓어오르는 화를 애써 누르며 냉정하게 따져 물었다.

"정치적인 혼란 때문에 돈을 빌려주기 어렵다면 이해할 수 있습니다. 하지만 자원이 없다는 이유로 능력을 의심한다면 받아들이기 힘듭니다. 자원이 없는 나라를 도와 그 나라의 경제를 발전시키는 것이 세계은행이 해야할 일 아닙니까?"

강력한 항의에도 불구하고 세계은행 부총재의 태도는 변하지 않았다. 밖으로 나온 이병철은 세계은행 건물을 올려다보며 다짐했다.

'언젠가는 반드시 차관을 승인하게 만들 테다!'

한국으로 돌아온 이병철은 예기치 못한 상황에 당황했다. 4·19혁명으로 탄생한 새 정부가 검찰을 통해 마흔여섯 개 회사의 스물네 명이 세금을 내지 않고 돈을 빼돌렸다며 그 금액이 196억 환에 달한다고 발표한 것이었다. 이병철은 태어나서 처음으로 검찰에 불려갔다. 독일과 이탈리아에서 비료 공장 건설에 필요한 자금 지원을 약속 받은 상황에서 그야말로 다 된 밥에 재 뿌리는 격이었다.

그런데 얼마 후, 재무장관이 찾아와 삼성이 나서서 비료 공장을 지어달라고 했다. 이병철은 쓴웃음이 났지만 애써 담담한 표정을 지으며 말했다.

"부정 축재자라는 낙인이 찍힌 몸입니다. 아무리 나라를 위한 일이라고 해도 공장을 지을 돈도 힘도 없습니다."

당황해하는 재무장관에게 이병철이 뜻밖의 제안을 했다.

"대신 비료 공장 건설과 관련한 서류를 모두 넘겨드리겠습니다. 충분히 검토해보시고 저보다 유능한 분에게 일을 맡겨주십시오. 이 계획이 잠잔다면 국가적으로도 큰 손해입니다."

재무장관은 서류를 받았다. 하지만 그것으로 끝이었다. 그 서류들은 어디론가 사라졌고 결국 비료 공장 건설 계획 자체가 백지화됐다. 비료 공장이 허공으로 날아간 것이었다.

되살아나는 꿈

비료 공장의 꿈이 되살아난 것은 5·16 군사정변을 거쳐 박정희와의 만남이 성사되면서부터였다. 이병철은 한국경제인협회 회원들의 의견을 모아 국가재건최고회의에서 대규모 공업 단지를 만들어 공장을 짓자는 의견을 냈다. 공업 단지라는 말이 생소하던 때여서 일반인들은 물론 경제 관료들마저 반대하고 나섰다. 공장 지을 땅은 어디에든 있는데 굳이 한곳에 모아놓을 이유가 있느냐고 했다.

이병철은 답답했다. 공장을 세우려면 전기와 물의 공급이 원활하고 물건을 쉽게 나를 수 있는 교통망이 발달되어 있어야 했다. 일반 주택가에서도 멀리 떨어져 있어야 하고 환경도 생각해야 했다. 이런 조건을 갖춘 곳에 대규모 공업 단지를 만들어 공장을 세워야 돈이 덜 들어가고 외국에서 돈을 빌려오기도 쉽고, 시너지 효과도 볼 수 있다. 사람들은 이러한 생각은 하지 않고 비난하기 바빴다.

이병철은 회원들과 함께 공업 단지를 세울 장소를 찾았다. 후보로 올라온 곳은 물금, 삼천포, 울산 세 군데. 그중에서도 울산이 가장 적합한 장소라는 결론이 나왔다. 회원들과 울산으로 내려간 이병철의 기쁨은 이루 말할 수 없었다. 울산은 공단의 조건을 모두 갖춘 천혜의 땅이었다. 1만 톤 급의 배 대여섯 대가 한꺼번에 들어올 수 있는 항만, 태화강의 풍부한 물, 육로로 이어진 교통망 등 거대 공업 단지가 들어서기에 안성맞춤이었다.

서울로 올라온 이병철은 총회에 답사 내용을 알리고 울산공업단지 건설

계획서를 국가재건최고회의에 제출했다. 계획은 받아들여졌고, 박정희가 울산공업단지 기공식에서 축사를 해주었다.

"가난의 역사를 씻기 위해, 국민들의 간절한 소원인 나라의 번영을 위해 우리는 이곳 울산에 새로운 공업 단지를 세우기로 했습니다."

이병철은 눈을 들어 주위를 둘러보았다. 비료 공장 건설의 꿈이 서서히 되살아나고 있었다.

비료 공장만 제대로 지어주시오

"이 사장, 정부가 하는 일을 도울 생각은 없습니까?"

박정희는 대통령에 당선되고 나서 바로 이병철을 청와대로 초대했다. 그 사이 이병철은 정부의 투자 명령으로 비료 공장을 맡아 차관을 들여오기 위해 해외에서 동분서주했지만 아쉽게도 열매를 맺지 못했고, 갑작스런 화폐 개혁으로 회사는 큰 손실을 보았다. 게다가 정부 보유 외화고가 바닥이 나면서 원자재값이 치솟은 설탕과 밀가루 때문에 '삼분폭리사건'의 주범으로 내몰리는 고욕을 치르고 있었다.

"어떤 일을 말씀하십니까?"

이병철의 목소리는 메말라 있었다. 박정희 대통령은 아랑곳하지 않고 밀어붙였다.

"비료 공장 말입니다. 피하지만 말고 나라를 일으키는 일에 적극 참여해주십시오."

"죄송합니다만, 기술·자본·시장성 등 아직 자세히 조사해보지 않아 당장 뭐라고 답하기가 어렵습니다."

"예전에 맡았던 비료 공장을 지으면 되지 않습니까?"

"아시다시피 그건 이미 저희 손을 떠났습니다."

"이 사장은 우리에게 협조할 생각이 전혀 없으신 모양이군요."

박정희가 이병철을 차갑게 쏘아봤다.

"그럴 리가 있습니까. 다만 제가 힘이 부족해서 그런 것뿐입니다."

"이 사장이 힘이 부족하면 누가 힘이 있겠습니까? 그러지 말고 정부에서도 적극 도와줄 테니 비료 공장 하나 지읍시다. 필요한 것이 있다면 내가 다 들어주겠습니다."

"대통령님이 혼자 애쓴다고 될 일이 아닙니다. 행정부의 적극적인 협조가 필요합니다."

이병철의 말에 대통령이 부총리 겸 경제기획원 장관인 장기영을 불렀다.

"장 장관, 이 사장이 비료 공장을 짓는다고 하니 책임지고 지원해주십시오."

"네, 최선을 다해 돕겠습니다."

장 장관이 다짐하듯 말했지만, 이병철은 생각해보겠다는 말만 남기고 청와대를 나왔다. 삼분폭리사건의 상처가 채 가시지 않은 상태라, 비료 공장 일에는 당분간 손을 대고 싶지 않은 것이 솔직한 심정이었다.

그 뒤 장기영은 줄기차게 전화를 걸었고 이른 아침 자택까지 찾아와 이병철을 설득하였다. 이병철은 장 장관의 끈질긴 노력에 마음의 문을 열었다. 서랍 속에 넣어두었던 비료 공장 건설 계획서를 다시 꺼냈다.

"정부 시책이 자꾸 달라져서는 안 됩니다. 차관 문제로 외국과 협상을 벌일 때도 모든 권한을 삼성에 맡기겠다는 정부의 공식 문서가 필요합니다."

"잘 알겠습니다. 비료 공장 하나만 제대로 지어주십시오. 뭐든 도와드리겠습니다."

이병철은 건설 계획서를 보여주며 장기영에게 다짐을 받았다.

35만 톤 규모의 세계 최대 공장을 짓는 것이 그의 목표였다. 그러나 갈 길이 아직 멀었다. 무엇보다 미국 대외 원조처의 반대가 격렬했다. 한국의 비료 공장은 미국의 원조금으로 지었는데 세계 최대 규모의 비료 공장을 새로 지어 비료가 남아돌면 큰 손해를 볼 것이고, 그러면 미국에서 빌린 돈을 갚지 못할 것이라는 논리였다. 대통령이 직접 나서서 상황을 정리했다.

이병철 역시 미국과 독일, 일본을 수없이 오가며 차관을 들여오기 위해 노력했다. 우여곡절 끝에 미쓰이물산과 차관 계약을 성사시켰다. 우리나라 기업이 정부의 보증 없이 외국과 맺은 최초의 민간 차관이었다.

차관 계약서에 서명을 하고 서울로 돌아온 이병철은 그해 8월 한국비료공업주식회사를 세우고 사장으로 취임했다. 그리고 이듬해 울산공업단지에서 역사적인 한국비료 공장 기공식이 열렸다. 애국가가 울려 퍼지고 30여 대의 불도저가 일제히 경례하듯 삽날을 펼치며 힘차게 시동을 걸었다. 그 장면을 바라보는 이병철의 눈가가 촉촉했다. 10년 동안 이어진 끈질긴 노력이 주마등처럼 뇌리를 스쳐 지나갔다.

나라에 바친 꿈

호외

1966년 9월, 이병철은 한국비료에 설치할 기계와 설비를 점검하기 위해 일본에 있었다. 그는 하루라도 빨리 비료 공장을 세워야 한다는 생각뿐이었다. 그리고 그 꿈이 현실이 되어 눈앞에 펼쳐질 날도 멀지 않았다. 흐뭇한 얼굴로 기계를 만지고 있던 이병철에게 수행 비서가 다급한 얼굴로 다가섰다.

"회장님, 서울에서 전화가 왔습니다."

"무슨 일로요?"

"저도 잘 모르겠습니다. 그런데 좋지 않은 일인 것 같습니다."

같은 시각, 서울. 신문팔이 소년들의 우렁찬 목소리에 거리의 사람들이 발걸음을 멈추었다.

"호외요, 호외! 재벌 기업 밀수!"

호외(특별한 일이 있을 때에 임시로 발행하는 신문이나 잡지)를 받아 든 사람들은 혀를 끌끌 찼다. 호외를 갈기갈기 찢어버리는 사람까지 있었다.

"대체 얼마나 돈을 벌려고 이런 짓을 한 거야?"

"있는 사람들이 더 심하다니까!"

온 나라를 분노로 들끓게 한 기사는 삼성이 사카린을 밀수했다는 내용이었다.

이병철은 수행 비서를 따라 사무실로 들어갔다. 전화를 건 사람은 본사의 비서실장이었다.

"회장님, 상황이 묘하게 돌아가고 있습니다."

"묘하게 돌아가다니요?"

"보세 창고에 들어와 있던 이탈리아산 OTSA를 당국의 허가도 받지 않은 채 내다판 것이 문제가 된 것 같습니다. OTSA는 비료를 만드는 데 없어선 안 되는 재료인데 이것이 사카린의 원료이기도 해서 우리 삼성이 밀수를 한 것으로 오해받은 것 같습니다. 규탄하는 목소리가 갈수록 커지고 있습니다. 정말 심상치가 않습니다. 비료 공장을 짓기 시작한 게 벌써 1년이 지났는데 이런 말도 안 되는 일이 터져서…."

수화기를 내려놓은 이병철의 표정이 굳어졌다. 낮은 목소리로 수행 비서에게 지시했다.

"당장 한국행 비행기가 몇 시에 있는지 알아봐요."

한국행 비행기는 다음날 오전 11시에나 있었다. 일분일초가 급한 그때, 어쩔 수 없이 일본에서 하루를 더 보내야 했던 이병철은 밤이 새도록 잠들지 못했다. 부정 축재자로 몰렸을 때도, 삼분폭리사건으로 언론이 들끓었을 때도 의연했던 그였다. 하지만 이번엔 달랐다. 한국에서 지금 정확하게 어떤 일이 일어나고 있는지 알 수가 없으니 속이 더 탔다.

이병철을 태운 비행기는 오후 1시 10분 김포공항에 도착했다. 그가 로비에 나타나자 기자들이 달려들었다. 여기저기서 카메라 플래시가 터지고 기자들의 질문 공세가 이어졌다.

"이 회장님! 사카린을 밀수한 것이 사실입니까!"

"이번 한국비료사건을 어떻게 생각하십니까!"

이병철은 쏟아지는 질문들을 뒤로하고 공항을 빠져나갔다.

'삼성이 사카린 원료 2,400부대를 한창 공사 중인 한국비료의 건설 자재로 위장해 들여오다가 세관에 적발되었다.'

회사로 들어가는 승용차 안, 이병철은 삼성이 밀수를 했다는 비난 기사를 읽고 있었다. 기사 중에는 여야가 이 문제를 놓고 특별조사위원회 구성을 논의하기 시작했고 야당에서는 관계 부처 장관에게 책임을 물어야 한다고 주장하고 일부 여당 의원들은 한국비료사건을 전면수사해야 한다고 주장한다는 기사도 보였다.

"대체 누가 삼성을 죽이려 하는가?"

이병철이 신문을 구기며 신음하듯 내뱉었다.

"삼성의 불행은 국가 전체의 불행이야. 40여 년 전 설립됐던 회사 가운데 지금까지 건재한 회사는 삼성과 삼양뿐이다. 그동안 국가 경제에 크게 기여한 삼성이 이렇게 무너진다면 그건 우리 그룹 하나의 불행으로 끝나지 않는다."

직원들 대부분이 퇴근한 토요일 오후, 본사로 온 이병철은 곧장 자신의 사무실로 들어갔다. 그리고 의자에 깊이 몸을 묻었다. 지그시 눈을 감은 그의 머릿속에 몇 달 전에 있었던 일이 스쳐지나갔다.

"회장님, OTSA가 유출됐습니다."

긴박한 목소리로 보고를 하는 한국비료 부사장 성상영. 이병철이 미간을 찌푸리며 반문했다.

"뭐가 어떻게 됐다고요?"

"이일섭 상무가 일본에서 들여온 OTSA 1,400여 부대를 금북화학에 팔려다 세관에 걸렸다고 합니다."

"금북화학은 사카린 만드는 회사가 아닌가요?"

"예, 맞습니다."

"이일섭 상무가 왜요?"

사카린은 설탕보다 500배 정도 더 강한 인공 감미료로 설탕 대용품으로 쓰였다. 시중에 사카린이 많이 나돌면 제일제당은 큰 손해를 입을 수밖에 없었다. 그만큼 설탕이 팔리지 않기 때문이었다. 게다가 사카린은 방광암을 일으킬 수 있는 해로운 물질이라 먹는 사람에게 좋지 않았다.

이병철이 부사장에게 단호한 얼굴로 지시를 내렸다.

"이번 일은 성 부사장이 책임지고 처리하세요. 이일섭 상무를 인사 조치하고, 창희도 한국비료에서 손을 떼게 하고요."

한국비료의 이사를 맡고 있던 이창희는 이병철의 둘째 아들이었다. 이일섭 상무와 아들의 행동이 회사를 위한 것이었다 해도 이병철은 절대 용납

할 수 없었다. 정도를 벗어난 행동으로 이익을 낸들 아무 의미 없다는 게 그의 지론이었다.

이병철은 이창희를 불러 크게 꾸짖었다. 믿었던 아들이었기에 그만큼 실망도 컸다. 이병철은 창희를 일본 동경 지사로 보내 자숙의 시간을 갖게 하였다. 성상영 부사장은 나라에 2,400만 원의 벌금을 냈다. 세관에서 매긴 원가의 네 배에 달하는 금액이었다. 그렇게 마무리되는 듯했던 사건이 3개월 만에 다시 불거진 이유는 대체 무엇이었을까.

사면초가

이른 아침, 이병철은 중역 회의를 소집했다. 그러나 이번 사태에 대한 냉정한 예측과 분석을 내놓는 사람은 아무도 없었다. 대부분의 중역들은 재무 당국과 검찰을 믿고 기다려보자며 이병철의 눈치만 살폈다. 그들의 말이 아주 터무니없는 것만은 아니었다. 실제로 호외 기사가 난 날 오후, 재무 당국은 다음과 같은 내용을 공식 발표했기 때문이다.

"밀수사건의 주모자는 한국비료에서 상무로 근무하던 이일섭이다. 그는 지난 5월 5일 주소 불명의 이창식과 손을 잡고 사카린 원료인 OTSA 2,400부대를 건설 자재와 함께 밀수입했다. 주모자 이일섭은 5월 16일 시가 101만 원 상당의 141부대를 시중에 팔았고, 뒤이어 1,403부대를 부산시 동래구

소재 금북화학공업주식회사에 정상 수입품인 것처럼 매각하려다 5월 19일 부산세관 감시과 직원에게 적발되었다."

검찰총장 역시 "법률을 잘못 적용한 것은 사실이지만 이는 세관의 책임이다. 검찰은 벌과금을 낸 후에 알았기 때문에 관세법 제245조 일사부재리의 원칙을 따를 수밖에 없다"라고 말했다. 한번 처벌받은 사건은 다시 처벌할 수 없다는 뜻이었다.

이렇듯 한국비료사건이 다시 불거졌을 때 처음에는 정부도 적극적으로 삼성을 감싸려 했다. 재무 당국이 발표한 공모자 '이창식'은 이창희의 가명이기도 했다.

이러한 정황들로 미루어 중역들은 시간이 흐르면 떠들썩한 분위기는 곧 잠잠해지지 않겠느냐고 판단한 것이었다. 하지만 이병철의 생각은 달랐다. 사건이 예상 밖으로 심각해질 수 있다는 걸 직감했다.

회의를 마치며 이병철이 중역들에게 말했다.

"각오를 단단히 하시오. 앞으로 어떤 일이 일어날지 모릅니다."

당시 정부는 민생 안정을 내세우며 밀수를 '5대 사회악' 가운데 하나로 규정해놓고 있었다. 정부는 국민 여론이 나빠지면 민심을 얻기 위해 언제라도 삼성을 희생양으로 삼을 수 있었다. 다른 언론사들이 삼성이 중앙일보와 동양방송을 세운 걸 못마땅하게 여기고 있다는 사실도 불리했다. 그때까지만 해도 언론계의 상황은 좋지 못했다. 기자들의 보수가 형편없다보니 뒷돈을 받고 기사를 써주는 일도 종종 있었다. 그런 상황에서 삼성이 기자들에게 최고의 보수를 약속하며 비리를 없애겠다고 나왔으니 미운 털이 단

선택 3

단히 박했다. 게다가 중앙일보는 창간 이후 빠르게 자리를 잡아가고 있었다. 창간 38일 만에 17만 2,000부가 고정적으로 유료 독자들에게 배포되었고, 1년 후에는 28만 부를 넘겨 정상의 위치에 올라섰다.

"신문도 상품이므로 중앙일보는 가격을 자유롭게 정할 것입니다. 비싸게 팔 수도 있지만 무료로 나눠줄 수도 있습니다."

중앙일보 사장 홍진기의 이 같은 발언은 다른 언론사들의 불편한 심기에 기름을 부었다. 이런 상황에서 한국비료사건이 다시 여론의 뭇매를 맞았다.

국회도 들썩였다. 야당 의원들은 한국비료사건의 범인들을 즉시 잡아들이고 엄중히 처벌해서 다시는 이런 일이 생기지 않도록 하라고 요구했다. 그러면서 삼성이 법을 어긴 데에는 대통령의 책임도 있다고 주장했다.

"재벌의 밀수 행위는 가증스럽기 그지없는 것으로 극형에 처해야 마땅합니다. 또한 그것이 권력의 비호하에 이루어진 이상, 보다 원천적인 책임이 있는 박 정권이 물러나야 합니다."

야당인 신한당의 총재 윤보선은 기자 회견까지 했다. 야당만이 아니었다. 여당과 정부도 삼성을 압박했다. 이런 분위기를 주도한 사람은 사건이 터지기 한 달 전 한국비료 주식의 30퍼센트를 내놓으라고 요구했다가 거절당한 여당의 실세였다.

상황은 점점 더 나빠졌다. 국회는 여야 공동으로 사카린 밀수사건의 진상을 밝히기 위해 기획, 재무, 법무 등 4부 장관에 대한 출석 요구서를 사무처에 접수했다. 재무장관은 기자 회견을 열고 정식으로 국민에게 사과했고, 경제기획원장은 한국비료의 사카린 밀수를 신랄하게 비판했으며, 대검찰

나라에 바친 꿈

청에서는 한국비료사건을 전담하는 특별수사반을 편성했다.

각 신문사들 역시 기다렸다는 듯 한국비료사건을 대대적으로 보도하기 시작했다. 기사만으로는 성이 차지 않아 사설까지 동원해 하루도 빠지지 않고 삼성을 공격하는 신문도 있었다.

삼성은 처음 기사가 실린 뒤부터 45일 동안 언론과 정부, 그리고 국민들에게 무차별적인 공격을 받았다. 세상 사람들이 모두 삼성에 등을 돌렸다. 이병철과 삼성은 사면초가에 놓였다.

유일한 위안

"삼성의 사카린 밀수를 두둔하는 장관들은 나의 '피고들'이다. 사카린을 피고들에게 선사한다."

대정부 질문에 나온 김두한 의원이 갑자기 준비해온 오물통을 열고 국무총리를 비롯한 일부 각료들에게 인분을 뿌렸다. 이른바 '국회오물투척사건'이었다.

한국비료의 사카린 밀수사건은 김두한 의원의 국회오물투척사건으로 온 나라를 뜨겁게 달구었다.

"공장 완공을 앞두고 이게 무슨 날벼락이란 말인가!"

이병철은 한숨을 토해냈다. 한겨울 허허벌판에 알몸으로 서 있는 기분이었다. 사업가로서 그동안 쌓아올린 업적, 무엇보다 목숨보다 소중하게 여겨온 명예가 한순간에 무너져 내릴 수도 있는 위기였다.

그날 오후, 이병철은 마침내 결단을 내렸다. 중앙일보 3층 간부 회의실에서 기자회견을 가졌다.

"한국비료를 나라에 바치는 동시에 모든 사업 경영에서 손을 떼겠습니다."

담담하게 성명서를 읽어 내려가던 이병철은 마지막에 몇 마디 말을 덧붙였다.

"외자 5,000만 달러와 내자 30여억 원이 투입된 엄청난 규모의 한국비료가 고작 1,000만 원 때문에 밀수를 했겠습니까? 이는 상식의 판단에 맡기겠습니다. 그러나 한국비료밀수사건에 대해 무어라 말할 수 없을 정도로 절실한 책임감을 느끼고 국민 여러분께 사과드립니다."

이병철은 한국비료 주식의 51퍼센트를 나라에 바친다는 내용의 공식 문서에 서명하고 곧바로 울산 현장으로 갔다. 회사가 문을 닫는 줄 알고 잔뜩 풀이 죽어 있던 수천 명의 한국비료 직원들이 이병철을 보고 일제히 환호하며 기뻐했다. 이병철은 말했다.

"이처럼 크고 거대한 공장이 형태를 갖춘 것은 모두 여러분이 밤낮을 가리지 않고 일한 덕분입니다. 참으로 고맙습니다. 그간 좋지 않은 사건으로 세상이 시끄러웠고 여러분도 마음고생을 많이 하셨을 것입니다. 그러나 이번 사건은 신문들이 떠들어대는 것과 달리 실수였습니다. 저는 스스로 책임을 느끼고는 있지만 절대 제 욕심을 채우기 위해 저지른 사건이 아니라는 것만은 자신 있게 말씀드릴 수 있습니다. 이번 사건으로 몇몇 정부 관리들이 물러나고 제 자식까지 구속되었습니다. 마음 아픈 일이 아닐 수 없습

니다. 하지만 이 공장은 우리 국민의 60퍼센트를 차지하는 농민들을 위한 것이고, 국가 산업을 일으키기 위한 것이니만큼 제 개인의 희생은 달게 받아들일 것입니다. 사건이 어찌됐든 이 공장은 여러분이 지켜야 하고 여러분이 지어야 합니다. 여러분의 피와 땀으로 지은 이 공장은 여러분의 영원한 자랑이 될 것입니다. 마지막까지 애써주시기 바랍니다."

말이 끝나자마자 우레와 같은 박수가 터져 나왔다. 박수 소리는 이병철이 현장 사무소 안으로 들어갈 때까지 계속되었다.

1967년 1월 6일, 한국비료는 처음으로 기계를 작동시키는 시동식을 가졌다. 전 세계 비료공장 건설 사상 '최대 규모', '최신 기술', '최단 공사 기간'이라는 3대 기록을 세우는 순간이었다.

이병철은 오해로 얼룩진 한국비료 건설 과정에 대해 억울해하지 않기로 했다. 사업보국(事業報國)! 기업가는 경영을 통해 나라를 일으킨다는 자신의 경영 원칙을 되새겼다.

'내가 10년 동안 꿈꿔왔던 일이 드디어 이루어졌다. 나라가 바로 서야 기업가도 바로 선다. 애초에 나라를 위해 하기로 했던 일이니 모두가 사필귀정이다.'

이병철의
성공법칙

나아갈 때와
물러서야 할 때를 구분하라!

사카린 밀수사건이 불씨가 되어 한국비료를 나라에 헌납한 일은 이병철 할아버지에게 가장 큰 시련이었지만 결코 실패는 아니었다.

그는 한국의 농업 발전을 위해 비료 공장을 세우고자 했다. 자신의 경영 원칙 중 하나인 '사업보국'에 입각해서 계획한 일이었기 때문에 오랜 시간 동안 많은 노력을 들여 공장 건설을 추진했고 마침내 그 목표를 이루었다.

주목해야 할 점은 이 과정에서 이병철 할아버지가 경영자로서 흔들림 없는 추진력과 판단력을 보여주었다는 점이다. 공장 건설 당시에는 그 필요성을 절감하고 있었으므로 어떠한 장애가 있어도 밀고 나갔다. 그리고 공장이 다 지어진 뒤에는 미련 없이 헌납하였다. 사람들의 비난과 정부의 압력으로부터 삼성을 지키기 위해 경영 일선에서도 물러났다.

아무리 대담한 경영자라고 해도 온 힘을 기울여 만든 공장에서 손을 떼면서 슬픔과 분노를 느꼈을 것이다. 하지만 이병철 할아버지는 역경 속에서도 자신을 잃지 않고 흔들리는 마음을 가누어 올바른 마음을 지켜냈다. 그가 만약 삼성을 자신만의 회사라고 생각했다면 물러나겠다는 결정은 할 수 없었을 것이다. 또 우유부단하게 시간을 끌었다면 회사는 더욱 어려움에 처했을 것이다.

"경영자는 판단이 빠르고 필요하다면 후퇴도 빨라야 한다."

중국의 유명한 전략가 제갈공명이 남긴 말이자 이병철 할아버지가 즐겨 인용하던 말이다. 나아갈 때와 물러서야 할 때를 잘 구분하여 실천했던 최고경영자 덕분에 고난 속에서도 삼성은 살아남았고 초일류 기업으로 성장할 수 있었다.

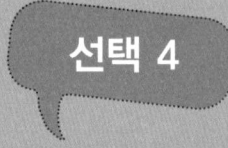

한국 문화의 르네상스를 꿈꾸다

긍지 없는 민족은 얼굴 없는 민족과 같습니다.
긍지를 버린 민족은 자기를 버린 민족과 같습니다.
문화재는 바로 그 민족, 그 국민의 얼굴이며 마음입니다.

선택 4

또 다른 사업, 메세나

3,500만 원짜리 주전자

이병철은 젊어서부터 음악, 미술 등의 문화·예술 분야에 관심이 많았다. 특히 우리 전통문화에 대한 깊은 애정이 있었다. 국악을 즐겨 들었고 취미로 오랫동안 서예를 즐겼다. 이런 말을 한 적도 있다.

"나는 국악의 청정한 선율을 듣고 있으면 《논어》를 읽을 때처럼 마음이 정화되는 것 같다. 그런데 사람들이 우리 소리를 멀리하니 참 안타깝다."

문화재에 대한 애정과 자긍심도 강했다. 그는 자식들에게 "아름다운 작품 앞에서는 무릎을 꿇어라. 예술 작품과 작가에 대한 예의다"라고 가르쳤다.

이병철이 특히 사랑한 것은 도자기였다. 한번은 이병철이 도자기를 수집한다는 얘기를 듣고 골동품 판매상이 찾아왔다.

"이것은 고려 시대에 만든 주전자입니다."

그가 꺼낸 것은 표주박 모양을 한 주전자로 고려 시대 청자였다. 한눈에 보아도 천하제일의 푸른색을 띠고 있었다. 보석의 비취색보다 더 고왔고 태고의 신비로움이 감돌았다.

'보통 물건이 아니다.'

골동품 판매상은 이런 이병철의 마음을 읽은 듯했다.

"어떠십니까? 마음에 드십니까?"

"얼마지요?"

"회장님이 사시면 3,500만 원까지 해드리겠습니다."

값이 너무 높았다. 3,500만 원이면 지금 돈으로 10억 원은 족히 됐다.

"너무 비싸군요."

"원래는 일본인 주인이 더 비싼 값에 내놓았던 것입니다."

"주인이 일본 사람입니까?"

이병철은 자리를 뜨려다 일본인이라는 말에 잠시 생각에 잠겼다. 그 주인이 청자를 어찌 구했을지는 뻔했다. 분명히 밀반출(물건 따위를 몰래 내감)된 작품이었다.

'이런 도둑 심보를 봤나! 남의 나라 예술 작품을 헐값으로 사가서 그걸로 돈을 벌 생각을 하다니.'

이병철은 골동품 판매상이나 그 주인이 하는 짓이 못마땅했다. 그러나….

"제가 사겠습니다."

"역시 안목이 탁월하십니다."

당시 골동품 거래 가격을 모르는 것도 아니었고 그 작품이 탐나서도 아니었다. 이병철이 기꺼이 바가지를 써준 이유는 단 한 가지. 그 작품을 다시 일본으로 보내기 싫었기 때문이다. 우리나라에는 그만한 돈을 가진 사람들이 몇 없었기에 자신이 사지 않으면 분명 사겠다는 사람이 없을 것 같았다. 그 고려청자의 이름은 '청자진사연화문표형 주자(국보 133호)'. 이병철은 이 작품을 무척 아꼈다. 또 '아미타삼존도(국보 218호)'와 '지장도(보물 784호)'를 찾아오기 위해서도 애썼다.

삼성미술문화재단

이병철이 전통 문화재를 수집한 것은 해방 전후로 거슬러 올라간다. 우리 예술 작품들이 마구잡이로 일본으로 팔려나가는 것이 안타까워서였다.

"긍지 없는 민족은 얼굴이 없는 것과 같다. 긍지를 버린 민족은 자기를 버린 것과 같다. 문화재는 바로 그 민족, 그 국민의 얼굴이며 마음이다."

그가 국외로 유출된 고려청자나 조선백자를 되사오느라 작은 빌딩 한 채에 해당하는 거액을 지불했다는 풍문도 나돌았다.

제일제당과 제일모직이 성공 가도를 달리자 이런 이병철의 우리 문화재 사랑을 잘 알고 있던 전택보(천우사 창업주, 조선일보 대표이사, 상공부장관 역임) 같은 사람들이 돈은 많이 모았으니 이제 문화 사업을 해보라고 권했다. 하지만 이병철은 "아직 때가 아닙니다"라며 거절했다.

때가 아니라는 이병철의 생각이 바뀐 것은 1965년 즈음. 당시 그는 55세의 젊은 나이에 한국 제일의 부자라는 평을 얻고 있었고 그 부를 사회에 돌려 주어야겠다는 생각을 하고 있었다. 어떤 방법이 좋을까 고민하던 그는 돈이 없어 공부하지 못하는 학생, 애쓰는 연구자들과 다양한 문화 사업에 지원하기로 마음먹었다. 이병철은 문화재단 설립을 결심하고 가족들을 불러 모았다.

"너무 많은 재산을 독차지하는 것은 옳지 않다. 가족이 생활하고 남는 재산은 문화재단에 출연해 사회 공익에 기여하도록 하자꾸나. 우리 가족이 앞장서서 사회 번영에 보탬이 되었으면 한다."

그리고 55번째 생일을 맞아 '삼성문화재단(현 삼성미술문화재단)'을 만들었다. 그는 설립 취지를 이렇게 밝혔다.

"제가 이룩한 기업체 중 어디에도 제 꿈과 피가 어리지 않은 곳이 없습니다. 그야말로 피땀을 흘리고 뼈를 깎는 노력으로 이룬 결실입니다. 하지만 개인 생활을 영위하는 범위를 훨씬 초과하는 재산을 제가 개인적으로 소유하여 사장하거나 방치하는 것보다 사회를 위해 유용하게 쓰일 수 있도록 하는 것이 옳다고 생각했습니다. 이제 영원히 저의 손을 떠나 돌아오지 않을 이 재산이 새로운 공익 재단이 사업 활동을 하는 데에 기여하기를 바랍니다."

이병철은 재단 기금으로 본인 소유의 주식과 임야 36만 3,000제곱미터, 주택 등 10억 원 상당을 내놓았다. 그리고 이병철은 6년 후인 1971년에 다시 한 번 세상을 놀라게 했다.

선택 4

"저의 전 재산의 3분의 1을 삼성문화재단에 추가 출연(出捐, 금품을 내어 도와줌)하겠습니다."

이병철의 재산은 180억 원으로 평가되었는데 60억 원은 삼성문화재단, 60억 원은 삼성그룹의 유공사원들에게 주겠다고 했다. 마지막으로 나머지 60억 원 중에서 10억 원은 사원 공제조합기금으로 기증하고 50억 원은 나중에 그 용도를 생각하기로 했다.

삼성문화재단은 용인 에버랜드 옆에 이병철의 호를 딴 '호암미술관'을 만들었다. 해외로 밀반출되는 나라의 보물을 지키고 전통문화 예술의 가치를 널리 알리기 위해서였다.

이병철은 "세계를 돌아보면 전통 있는 민족, 격조 높은 국민은 예외 없이 좋은 미술관을 가지고 있다. 선을 사랑하고 미를 아낄 줄 아는 사람들의 문화 수준은 그만큼 높다"라고 말해왔고 본인이 소장하고 있던 많은 문화재들을 재단에 기증했다. 현재 호암미술관에는 국보나 보물로 지정된 문화재가 90여 점이나 된다. 여기에는 '청자진사연화문표형 주자'도 포함되어 있다.

기업이 문화예술 활동에 자금이나 시설을 지원하는 활동을 일컬어 '메세나'라고 한다. 요즘은 기업들이 이런 활동의 중요성을 인식하고 많이 참여하고 있다. 하지만 이병철이 문화의 중요성을 이야기할 때에는 그 뜻을 제대로 이해하는 사람들이 별로 없었다.

현재도 삼성미술문화재단은 한국 문화의 르네상스를 바랐던 이병철의 뜻을 이어받아 한국의 문화 사업 분야에서 중추적인 역할을 하고 있다. 한국 미술품의 아름다움을 해외에 널리 알리기 위한 취지로 영국 '빅토리아&

알버트 미술관'과 프랑스 '기메 박물관' 등에 한국실을 짓도록 지원했다. 또 한국 미술 신진 작가를 지원하거나 한국 작가의 해외 진출을 독려하기도 했다. 국내에서는 국악 동요제를 열어 창작국악동요 공모와 보급을 위해 국립국악원을 후원하고 있으며, 문화예술공연을 무료로 제공하는 문화나눔사업도 다양하게 벌이고 있다. 뛰어난 재능이 있지만 악기 문제로 어려움을 겪는 젊은 음악도에게 세계적인 명기를 대여해 세계적인 연주자로 성장할 수 있도록 후원하기도 한다.

이것이 인생이다

사업과 인생의 축소판, 골프

이병철의 문화재 수집은 한국 문화를 부흥시키기 위한 문화 사업으로 발전되었다. 그런데 이병철이 수집한 것은 그뿐만이 아니었다. 구두, 가방, 담배 파이프, 만년필, 골프채 등…. 그렇게 그가 수집에 공을 들인 이유는 무엇이었을까?

"내가 모으는 것은 사람의 손으로 만든 것이 대부분이다. 만든 것이 아니면 쓴 사람의 땀이 깃든 것이다. 보다 아름답고 보다 훌륭한 것을 추구하는 집념, 꿈, 낭만, 개성 그리고 인생이 그 안에 있다. 나는 그런 것들을 비교하면서 망중한을 즐기는 일을 좋아한다."

그는 같은 브랜드, 같은 가격의 만년필이라 해도 펜촉마다 각자 개성이 다르고 약간씩 품질의 차이가 있다는 점을 재미있어 했다.

"수십만 개가 같은 모양으로 찍혀 나오지만 그중에서 특히 좋은 것은 2, 3퍼센트에 불과하다. 흔히 사람들은 고급품은 그러지 않을 거라고 생각하지만 사람들에게 내가 수집한 '워터맨' 펜촉으로 써서 보여주기도 하고 직접 써보게도 했더니 모두 내 말이 옳아 깜짝 놀랐다."

소품 중 가장 많은 수를 차지한 것은 골프채로 500여 개에 달했다. 골프채에 대한 애정이 그토록 각별했던 이유는 골프가 인생과 사업을 배우는 또 하나의 교재였기 때문이었다.

골프장을 찾으면 먼저 각 홀을 공략할 경기 계획을 세워야 한다. 홀에서 홀 사이를 걸으면서 발바닥으로 전해지는 미세한 경사를 가늠한다. 그리고 경기 흐름에 따라 공격할 때와 방어할 때를 명확히 판단해야 한다. 이병철은 골프를 할 때 이런 원칙들을 충실히 지켜 홀인원을 세 번 기록했다. 아마추어로서는 보기 드문 기록이었다. 이병철은 필드를 제압하면서 얻은 지혜들을 사업에도 적용해 하나둘씩 문제를 풀어나갔고 그 덕분에 사업에서도 멋진 홀인원을 기록했다.

또 그에게 종종 골프장은 사람의 진면목을 보는 장소이기도 했기에 그는 필드 위에서 수많은 경영자, 정치가, 학자, 문화계 인사와 만났다.

"골프를 칠 때 그 사람의 인간성과 인생관이 가감 없이 노출된다. 특히 내기 골프는 상대방의 성격과 심성을 훤히 들여다볼 수 있는 거울이지."

당시 고위층 인사들, 최고경영자들과 함께하는 '수요회'라는 모임도 있었는데, 이들은 일주일에 한 번씩 모여 내기 골프를 즐겼다. 타당 1,000원짜리 내기 골프로 플레이가 끝나면 스코어 카드를 보며 타수를 정산하는 식이었다. 수요회에서 몇천 원을 따면 아무리 대기업의 총수라고 해도 아이처럼 즐거워했다. 사실 이들에게는 돈이 목적이 아니었다.

내기는 끝까지 긴장의 끈을 놓치지 않도록 해주는 일종의 자극제였다. 이병철뿐 아니라 투자의 귀재라 불리는 워런 버핏과 마이크로소프트의 빌 게이츠도 내기 골프를 쳤다고 한다. 대부호들의 내기였지만 걸린 돈은 단돈 1달러였다.

간혹 내기에서 지기 싫어하여 화를 내고 돈만 탐내는 사람과 골프를 하게 되는 경우도 있었다. 그러면 이병철은 예의를 다해 그날의 플레이를 마치고 다음부터 그와 상종하지 않았다.

"골프는 신사도가 기본이다. 승부 이전에 지켜야 할 것은 지키며 남에게 누를 끼치지 않아야 한다."

그는 그 외에도 스코어를 속이거나 거짓말하는 사람, 시간 약속을 지키지 않는 사람에 대해 매우 엄격했다. 예절을 지키지 않고 고성을 내거나 목욕탕에서 누워서 자는 등 골프장 분위기를 흐리는 사람도 두 번 다시 상대하지 않았다.

한 걸음 한 걸음

이병철의 골프에 대한 애정은 나이가 들어도 변하지 않았다. 한겨울 눈이 산더미처럼 쌓여 있었지만 "설경이 좋다"라며 골프를 즐겼다. 날씨가 추워도 중간에 그만두는 경우가 없었다. 꼭 18홀을 다 돌았다.

1976년 가을, 일본에서 위암 수술을 받고 온 뒤에도 마찬가지였다. 골프는 못하더라도 수요회에 참가해 차를 마시면서 예전의 분위기를 즐겼다.

"잔디가 누렇게 되었구나. 하긴 언제나 푸를 수는 없겠지."

이병철은 자신이 지은 안양골프장의 가을 잔디를 보고 안타까워했다. 마치 자신의 이야기를 하듯. 옆에서 듣던 큰딸 이인희는 그 모습에 마음이 아팠다.

'아버지께서 저리 마음 아파하시다니, 무슨 방법이 없을까?'

고심을 하다 며칠 후 직원들에게 말했다.

"잔디가 누렇게 변한 곳에 초록 물감을 칠하세요. 일본에서 그렇게 하는 것을 봤습니다."

임시방편으로는 꽤 좋은 방법이었다. 그러나 비라도 오면 물감이 번져 보기가 흉했다. 하는 수 없이 그 다음번에는 색칠한 그린(Green, 골프 코스에서 퍼팅을 하기 위해 잔디를 짧게 깎아 정비해둔 지역)을 비닐로 덮어두었다가 이병철이 나오는 수요일과 일요일에만 벗겨 푸르름을 내보였다.

1987년 10월. 낮부터 가랑비가 부슬부슬 내리던 이날도 이병철은 안양골프장을 찾았다. 그는 직원들의 부축을 받으며 이층으로 올라갔다. 건강이 좋지 않았다. 지난해인 1986년 폐암 선고를 받고 암 투병 중이었다. 그는 이층에서 창을 통해 그린을 하염없이 바라보았다. 그 위를 거닐던 자신의 모습이 보이는 듯했다. 기쁘고 슬프고 화나고 즐거웠던 하루 하루…. 그는 자신의 인생을 되돌아보았다.

"보보시도장(步步是道場, 한 걸음 한 걸음 도를 닦는 것을 뜻함), 이것이 인생이다!

선택 4

사람은 늙어서 죽는 것이 아니다. 한 걸음 한 걸음 길을 닦고 스스로를 닦아 가기를 멈출 때 죽음이 시작된다"라고 말해온 그에게는 아직 하고 싶은 일들이 남아 있었다. 특히 반도체 사업은 시작 단계였다. 그러나….

'지금까지 최선을 다해 살아왔다. 후회도 아쉬움도 남기지 말자.'

비가 그치고, 어둠이 내려앉기 직전이었다.

"골프화를 가져오게."

뜻밖의 지시에 조금은 당황했지만, 이강선 프로골퍼가 서둘러 골프화와 공, 골프 클럽, 골프 카트를 준비해갔다.

"한번 쳐보시겠습니까?"

"그러지."

공이 잘 맞을 리 없었다. 첫 번째 샷은 헛스윙이나 다름없었고 두 번째 샷도 약 10미터 나가는 데 그쳤다.

"이 군도 치지."

프로골퍼 이강선이 샷을 날렸다. 시원스레 공이 날아갔다. 이병철이 엷은 미소를 지었다. 뜨거웠던 해가 기울고 노을이 지면 지나간 하루를 아쉬워 한다. 하지만 어김없이 해는 떠오르고 또 다른 하루가 시작된다. 그의 미소는 '그래, 내가 가면 또 다른 누군가가 삼성을 이어 받아 이렇게 시원한 샷을 날려주겠지' 하고 안도하는 듯 보였다.

"가세."

그는 앞장서서 갔다. 그때부터 평상 시와 같이 플레이를 진행했다. 세 번째 홀에 다다르자 이제 사면이 어두워졌다. 조금이라도 더 그린에 머물고 싶어 하는 그의 마음이 주변 모든 사람들에게 전해졌다. 골프장에 있던 골프 카트 네 대, 오토바이 세 대, 차에 달려 있는 헤드라이트를 모두 밝혀 그들이 걸어가는 곳을 비췄다. 그러나 체력이 따라주지 않았다. 손과 다리에 힘이 풀렸다.

"회장님, 그만 들어가시죠."

이강선이 말했다.

"그래, 들어가지."

들어가다가 현관 즈음에서 이병철이 부탁했다.

"그린을 좀 돌아주겠나?"

당시 현관 앞에는 모형 그린이 있었다. 그는 카트를 탄 채 그 그린을 세 바퀴 돌았다. 그는 이미 자신의 운명을 예견한 듯했다. 이날이 그가 그린에 선 마지막 날이었다.

그로부터 20일 후인 1987년 11월 19일 오후 5시 5분, 이병철은 가족들이 지켜보는 가운데서 조용히 숨을 거두었다. 한국 경제를 이끌었던 거인, 20세기를 산 21세기형 기업가, 이병철은 일흔여덟에 그렇게 세상을 떠났다.

이병철의
성공법칙

뇌를 말랑말랑하게 만들어라!

　세계적인 기업 '3M'은 아이디어 개발을 위해 특별한 방법을 쓴다. 직원들이 하루 일과 중 15퍼센트를 업무와 상관없는 일에 활용하도록 한다. 직원들은 책을 읽거나 그림을 그리고 음악을 듣는다. 심지어 낙서도 한다. 처음에는 이것이 시간 낭비라고 여기는 사람들도 있었지만 결과는 대성공! 직원들은 포스트잇, 스카치테이프, 고선명 OHP필름 등 멋진 아이디어를 쏟아냈다. 즐거운 경험으로 뇌가 말랑말랑해져서 아이디어가 샘솟았기 때문이다.

　이병철 할아버지는 이런 '뇌가 말랑말랑해지는' 취미 활동을 잘 활용했다. 이병철 할아버지는 규칙적인 생활과 더불어 자신이 좋아하는 음악, 예술 작품, 운동 등으로 스트레스를 풀었다. 그리고 업무와 전혀 상관없어 보이는 예술 작품 감상이나 골프 같은 분야에서도 문제 해결의 실마리를 발견했고, 새로운 도전 에너지를 얻었다.

　일이 잘 풀리지 않을 때 계속 붙잡고만 있으면 해결이 될까? 그럴 때는 여러분의 뇌가 말랑말랑해질 수 있는 시간을 가질 필요가 있다. 이것은 새로운 사회가 원하는 리더가 되는 길이기도 하다. 예전에는 자기 분야에 능통한 인재를 최고라고 생각했다. 그런데 이제는 달라졌다. 그런 사람들은 외골수(단 한 곳으로만 파고드는 사람)가 될 가능성이 높아 리더로서 적합하지 않다는 것이다. 'T자형 인재'라고도 부르는 깊은 전문성과 함께 폭넓은 지식, 인품을 갖춘 사람들이 새로운 리더로 떠오르고 있다.

　T자형 인재, 새로운 시대의 리더를 꿈꾸는 여러분이여, 열심히 일하고 잘 쉬는 사람이 성공한다. 미래를 위해 즐거운 취미 생활을 시작해보길 바란다.

3. 이병철 할아버지, 질문 있습니다!

20세기에 태어난 21세기형 CEO 이병철! 그는 지금 우리 곁에 없다. 하지만 그가 다시 돌아온다면? 이병철은 우리에게 과연 어떤 말을 들려주고 싶을까?

이병철 할아버지의 호가 '호암'이라고 들었습니다. 뜻이 무엇인가요?

 호암이라는 호는 1955년 상공회의소 회장이었던 전용순 씨가 지어주었습니다. 제일제당과 제일모직 설립으로 제가 거부라는 칭호를 듣기 시작할 때였지요. "호수처럼 맑은 물을 잔잔하게 가득 채우고 큰 바위처럼 흔들리지 않는 준엄함을 가져라"라는 뜻인데 무척 마음에 들었습니다. 그 후 이 호는 내 인생의 나침반이 되어 주었습니다.

 최고의 제품, 최고의 서비스 등 장인 정신의 중요성을 깨달은 계기는 무엇이었나요?

 '장인 정신' 하면 떠오르는 일이 두 가지 있습니다. 첫 번째로는 1950년 2월 재계 주요 인사 열다섯 명과 함께 일본 도쿄를 방문했을 때 이야기입니다. 방문 목적은 일본 경제계 시찰이었습니다만 당시 일본은 제2차 세계대전의 상흔이 채 가시지 않은 때였습니다. 패전국이었던 일본의 경제는 생각보다 더 어려웠지요. 하네다 공항에서 도쿄 중심부에 이르는 길에는 판잣집이 즐비했고 제2차 세계대전 당시 일본제국의 중무기를 생산하던 가와사키중공업은

미 공군의 폭격을 받아 공장 건물의 골격만 앙상하게 남아 있었습니다. 그러던 중 한 허름한 이발소에서 머리를 깎았습니다. 가위질을 하던 주인에게 별다른 생각 없이 말을 건넸습니다.

"이발 일은 언제부터 하셨나요?"

"제가 3대째입니다. 가업을 한 지 60년쯤 되나 봅니다. 자식 놈도 이어줬으면 합니다."

이발소 안에서 흔히 주고받을 수 있는 얘기였지만 내게는 예사롭지 않았습니다. 패전으로 좌절해 있을 법도 한데, 담담하게 외길을 걷는 이발사의 투철한 장인 정신이 대단해 보였습니다.

 위대한 기업인이 지녀야 할 덕목은 무엇일까요?

 이익을 내는 능력은 기본입니다. 적정한 이익을 내지 못하는 경영자는 존재할 이유가 없지요. 좀 더 욕심을 내서 위대한 기업인이 되려면 시대를 꿰뚫어보는 안목, 갈고 닦은 국제 감각, 무엇이 국가와 사회 및 인류에 유익한가를 알아보는 확고한 가치관, 믿는 바를 단호히 추진해나가고 실천하는 강한 의지와 신념, 고결한 품성이 조화를 이뤄야 합니다. 현실에 대한 안주는 경영자에겐 독입니다. 또 인간의 가장 고귀한 가치가 무엇이겠습니까? 바로 봉사입니다. 기업가의 사명은 국가, 국민, 인류에 봉사하는 것입니다. 기업은 일자리를 창출하는 한편 국가에 세금을 납부하는 것이 사명입니다. 주주에게 배당금을 지급해야 하는 일도 빼놓을 수 없습니다.

나폴레옹은 **"리더란 희망을 파는 사람이다"**라고 말했습니다. 나도 그 말에 동감합니다. 희망과 꿈을 심어주지 못하는 사람은 리더로서 자격이 없습니다.

 사업보국, 사업을 해 나라에 보답하겠다는 결심은 어떻게 했나요?

 나는 우리나라가 어려웠던 시기인 1910년에 태어났습니다. 일본에게 나라를 빼앗긴 때였지요. 어린 시절, 한국인이라는 이유만으로 일본인들에게 부당한 대우를 받고도 참아야 하는 현실을 보았습니다. 사업을 하면서 돈을 많이 벌었지만 그래도 근본적인 상황은 달라지지 않았습니다.

나는 사업 초기에 땅장사를 해 많은 돈을 벌어들인 것을 부끄럽게 생각합니다. 불쌍한 농민들의 처지는 생각하지 않고 돈을 버는 재미에만 빠져 있었지요. 해방 후에는 절대 그런 일을 하지 않겠다고 결심했습니다. 그리고 사업을 해도 나라에 보탬이 되는 일을 하겠다는 다짐을 했지요. 사업 인생 제2막이라고 볼 수 있습니다.

여러분, 기업가는 안정된 나라와 건전한 경제 풍토 속에서 그 뜻을 펼칠 수 있습니다. 나 혼자만 잘사는 길보다 나라의 발전에 이바지하여 모두가 잘살 수 있는 길을 찾아보길 바랍니다.

 할아버지의 인생을 뒤바꾼 터닝 포인트를 꼽는다면 언제인가요?

 1969년 1월 삼성전자공업을 설립했을 때이지요. 한국비료나 삼성그룹의 모태가 된 제일제당도 기억에 많이 남습니다만 오늘날 삼성을 세계 초일류 기업으로 만든 삼성전자공업 설립은 제겐 숙명과 같았다고 생각합니다.

산요전기와 신니폰과 기술 제휴를 하면서 전자산업에 뛰어들었습니다. 당시 삼성이 반도체 사업을 한다니까 사람들의 비웃음이 이루 말할 수 없을 정도였습니다. 하지만 저에게는 확고한 신념이 있었습니다. 다가오는 21세기에 석유 한 방울 나지 않지 않는 대한민국이 무엇으로 먹고 살까 했는데, 그 길은 반도체 밖에 없다는 생각이었죠.

결국 나는 반도체 사업에 성공했습니다. 처음으로 실무진의 반대를 꺾고 벌인 일이었습니다만 지금 생각해도 잘한 선택이었습니다.

경공업, 전자, 금융, 광고뿐 아니라 심지어 병원, 박물관, 신문, 방송 사업을 모두 다 하셨습니다. 무척 많은 사업 분야에 뛰어들었는데요. 어떻게 이렇게 많은 업종을 다 경영하실 생각을 하였나요?

 선진국의 여러 경영자들을 만나보니 경영의 기본 원리는 같았습니다. 원대한 목표를 세우고 그 목표를 향해 치밀하게 연구하고 결단하면 됩니다. 그리고 좋은 사람을 모아서 각자 최선을 다하게 하는 것이 경영이지요. 나도 그렇게 실천하려고 노력했을 뿐입니다.

 그러니까 경영 원칙인 '인재 제일주의'의 힘이 컸겠군요? 인재 제일주의에 대해서 자세히 알고 싶습니다.

 1년의 풍요를 바란다면 곡식을 기르고, 10년의 풍요를 바란다면 나무를 심고, 100년의 풍요를 바란다면 사람을 키워야 합니다. 나는 평생 동안 혈연, 지연, 학연을 타파하고 최고의 인재를 등용해왔습니다. 아울러 평생 고용이라는 원칙은 내 경영의 핵심입니다. 의심나는 사람은 쓰지 말되, 쓴 사람은 절대 의심해서는 안 됩니다.

경영자 스스로 공부하는 것이 왜 중요한가요?

 조사 자료의 수치만으로는 옳고 그르다는 결론을 내기 어려운 경우도 많습니다. 그럴 때는 경영자의 직관이 승패를 좌우합니다. 그런데 그 직관은 평소의 치밀한 경영과 풍부한 경험, 그리고 철저한 조사에 바탕을 둡니다. 그러므로 늘 경영자 스스로 공부해야 합니다.

 할아버지는 큰 성공 전에 언제나 어려움을 겪었습니다. 어려움을 이겨낼 수 있었던 원동력은 무엇인가요?

 저는 사업이 어려움에 봉착하고 또 개인적인 시련을 겪을 때마다 좌절하거나 비관하지 않았습니다. 주어진 상황을 그대로 받아들이려고 노력했습니다. **모든 일은 바른 곳으로 가게 마련이니 현실을 비관할 것도 지나치게 기뻐할 것도 없다고 여겼습니다.** 저희 아버지가 제게 들려주신 말씀이기도 하지요. 이런 긍정적인 마음, 현실을 받아들일 수 있는 여유가 바로 좌절을 이겨낸 원동력이 아니었을까요.

다시 한 번 대학 입학의 기회가 주어진다면 어떤 전공을 선택하고 싶으세요?

 글쎄요. 딱 한 가지만 집어 말하긴 어렵고… 내 손자들에게 했던 말을 해드리지요. 손자들이 대학에 들어갈 때 내게 어떤 전공을 선택하면 좋을지 상의를 했습니다. 그때 나는 경영보다는 기초 학문을 선택하라고 권했습니다. 결국 친손자(이재용 삼성전자 부사장)는 동양사학과, 외손자(정용진 신세계 총괄대표)는 서양사학과를 갔습니다. 지금도 그 생각이 맞지 않았나 싶습니다.

세상에 필요 없는 것은 없다고 하지만 분명 반드시 필요한 것은 있습니다. 역사, 철학 등 기본적인 학문도 거기에 속하지요. 세계적인 IT회사 구글에서도 인문학을 전공한 사람들을 우대합니다. **더 좋은 기술을 개발하기 위해서는 인간을 연구해야 한다는 것을 깨달은 거지요.**

인생은 마라톤입니다. 당장 전망 있다고 하는 말, 취직이 잘된다고 하는 이야기에 끌려 전공을 선택해서는 안 된다고 생각합니다. 무엇이건 세상을 살아가는 근본적인 무기를 찾으시길 바랍니다.

할아버지는 독서를 참 좋아한다고 들었어요. 어떤 책을 좋아하세요?

 가장 감명 깊게 읽은 책은 《논어》입니다. 또 평소에 소설을 즐겨 읽어요. 보통 사업가니까 경영 관련 책을 많이 읽을 거라고 생각하는데 그렇지 않아요. 단편적인 지식이 있는 경영 서적보다는 폭 넓은 경험을 얻을 수 있는 책이 좋습니다.

또 책 외에도 다른 읽을거리도 모두 좋아합니다. 매일 신문을 읽고 다양한 리서치 결과들을 분석하는 일도 좋아합니다. 사회가 어떻게 변해가고 있는지 미래에 대한 고민을 할 때 많은 도움이 되거든요. 반도체 사업을 하기로 결정한 것도 우연히 본 신문 기사가 중요한 역할을 했습니다.

 가장 존경하는 인물은 누구입니까?

 이순신 장군과 《논어》를 쓴 공자를 존경합니다. 한국전쟁 때 인천 상륙작전을 지휘했던 맥아더 장군도 존경합니다. 미국에 갔을 때 그분의 부인을 직접 찾아가서 맛있는 식사를 대접해드리고, 호암미술관에 맥아더 동상을 만들었을 정도이지요.

미래에 최고경영자를 꿈꾸는 청소년들에게 한 말씀 해주세요.

 사업가는 늘 머릿속에 새로운 사업이 펼쳐져 있어야 합니다. 나는 살면서 늘 열 가지 이상의 프로젝트가 머릿속에서 소용돌이치며 해결해줄 순서를 기다리고 있었습니다. 그게 오늘날의 삼성을 만든 비결입니다.

그리고 1982년 미국 보스턴대학교 명예 학위 수여식에서 한 말도 다시 들려주고 싶습니다.

"나는 항상 새로운 사업을 개척하고자 하는 열망을 갖고 있습니다. 내가 뭔가 새로운 일에 도전해서 성공을 거두면 다른 많은 사업가들에게 새로운 기회의 문이 열립니다. 나는 조국이 필요로 하는 사업을 성공적으로 해내는 것이 사업가가 조국을 위해 할 수 있는 최대의 기여라고 생각합니다."

이 말은 내가 사업을 시작할 때부터 가졌던 좌우명이고 후대 기업인들에게도 전해주고 싶은 얘기입니다.

21세기를 사는 22세기형 CEO들에게

　이병철이 숨을 거두고 5년 뒤, 삼성은 미국 기업들을 제치고 세계 제일의 반도체 기업이 되었다. 삼성그룹의 매출은 2012년 383조 원을 돌파할 전망이다. 시가 총액은 303조 2,000억 원, 수출도 1,567억 달러를 기록했다. 또 올해 처음으로 삼성의 브랜드 가치는 '글로벌 톱10'에 진입, 세계 9위를 차지했다. 세계에서 열 손가락 안에 꼽히는 기업으로 성장한 것이다.
　이건희는 이병철의 기업가 정신을 이어 "삼성을 세계적인 초일류 기업으로 성장시키겠다"라고 약속했고 그 약속을 이루었다.
　핸드폰 '애니콜'의 신화에 이어 텔레비전, 스마트폰으로 이어지고 있는 삼성의 무한질주! 우리나라의 경제 발전을 든든하게 받쳐주는 디딤돌이기도 하다.
　'삼성' 하면 많은 사람들이 '일류'라는 단어를 떠올린다. 그래서일까? 창업주 이병철 회장도 한 치 빈틈도 없는 사람이었을 거라고 생각한다. 그런데 알고 보면 이병철은 빈틈없던 것이 아니라 빈틈을 채워 거대한 신화를 만들어낸 사람이었다. 실컷 놀아도 보고 몰입해서 공부도 해보고 돈 버는 재미에만 빠져도 보고 빈털터리도 되어보고…. 그리고 나서야 비로소 진정한 기업가가 되었다.
　청소년이여, 지금 자신에게서 아무런 자질을 발견할 수 없다 해도 결코 실망하거나 조급해하지 말길 바란다. 이병철은 말했다.
　"운을 놓치지 않고 운을 잘 타고 나가려면 역시 운이 다가오기를 기다리는 일종의 둔한 맛이 있어야 하고, 운이 트일 때까지 버티어나가는 끈기라고 할까, 굳은 신념이 있어야 한다."

　조금 더 여유로운 마음으로 자신에게 주어진 많은 기회를 누리고 경험을 살찌워 미래의 리더로 성장하길 바란다. 당신은 어쩌면 21세기를 살고 있는 22세기형 기업가일지도 모른다. 마치 이병철처럼….

호암 이병철 회장 연보

■ : 시대 배경
■ : 이병철 회장 삼성그룹 성장사

1910
국권 피탈
일본 제국주의의 침략으로 대한제국이 국권을 상실
조선총독부 설치
일제가 식민통치 및 수탈을 하기 위해 우리나라에 설립한 기관

경남 의령군 정곡면 중곡리 출생

1911
105인 사건
일본총독부가 암살미수사건을 조작하여 105인의 독립운동가를 감옥에 가둔 사건

1912
토지 조사 사업 시작
일제가 토지와 함께 한국인의 동정을 살피어 식민통치를 용이하게 하고, 재원을 확인하여 수탈의 기반을 마련하기 위해 벌인 대규모 국토 조사 사업

1919
3·1운동
일제의 폭압적인 식민지 지배에 맞서 전 민족이 일어난 항일독립운동
대한민국 임시정부 수립
우리나라 광복을 위해 중국 상하이에서 조직하여 선포한 임시정부

1922
어린이날 제정

지수보통학교 3년 편입
서울 수송보통학교 편입
보통학교 : 일제 시대의 초등교육기관

1925
서울 수송보통학교 4년 수료
중동중학교 속성과 편입

흥사단 조직
안창호 등이 인재양성을 통한 독립을 위해 미국에서 조직한 민족운동단체

대한 광복군 정부 수립
이상설 등이 무장 독립의 발판을 삼기 위해 러시아에서 조직한 임시정부

일제 강점기
1910년의 일제에 의한 국권 강탈 이후 1945년 해방되기까지 35년간의 시대

●————————●————————●
1913   1914   1915

6·10만세운동
조선의 마지막 국왕인 순종의 국장일에 일어난 독립만세운동

광주학생항일운동
광주에서 시작해 전국에서 벌어진 학생들의 시위운동으로 3·1운동 이후 가장 큰 규모의 항일운동

●————————●————————●
1926   1929   1930

중동중학교 본과 입학
박두을과 결혼

중동중학교 4년 수료

일본 와세다대학교 전문부 정치경제학과 입학

1931
김구, 한인애국단 조직
대한민국 임시정부가 일본의 주요인물 제거를 목적으로 상하이에서 만든 항일독립운동 단체

와세다대학교 중퇴

1932
이봉창, 일왕에 폭탄 투척
윤봉길, 상하이 홍커우 공원에 폭탄 투척

1933
한글맞춤법통일안 제정
1933년 조선어학회가 제정·공표한 국어정서법 통일안

1941
대한민국 임시정부 건국 강령 발표, 대일 선전포고

1942
조선어학회 사건
민족말살 정책에 대항하여 한글 연구를 하던 조선어학회 회원을 일본이 탄압·투옥한 사건

1945
8·15광복
우리나라가 일제의 식민 통치에서 벗어나 자주 독립한 사건

손기정, 베를린올림픽 마라톤 우승
일제 강점기에 올림픽에 나가 가슴에 일장기를 단 채 우승

한글 교육 금지
일본이 시행한 민족말살 정책의 하나

한국 광복군 창설
중국 충칭에서 조직한 대한민국 임시정부의 군대

1936 — 1938 — 1939 — 1940

- 경남 마산에 협동정미소 창업
- 삼성상회 설립
- 조선양조 인수

유엔한국임시위원단 구성
5·10총선거의 공정한 감시 및 관리를 위해 조직한 유엔 산하의 임시기구

제주도 4·3사건
미군정 체제의 사회문제와 남한 단독정부 수립에 반대하는 과정에서 제주도에서 일어난 민중항쟁

여수·순천사건
일부 군인들이 제주도 4·3사건 진압 출동을 거부하고 대한민국 단독 정부를 저지하려고 일으킨 사건

5·10총선거 실시
우리나라 제헌국회를 구성하기 위하여 남한에서만 실시한 국회의원 총선거

대한민국 헌법 공포
대한민국 정부 수립
이승만 대통령 취임

1947 — 1948

- 서울에 삼성물산공사 설립

1950
한국전쟁 발발
남한과 북한 사이에 벌어진 대규모 전쟁, 6·25전쟁이라고도 함
농지개혁 실시

1951
부산에 삼성물산 설립

1953
한국전쟁 휴전
1인당 국민소득(GNI) 254달러

제일제당 설립
현 CJ제일제당

1954
제일모직 설립

1962
제1차 경제개발 5개년계획 발표
국민경제 발전을 위해 5년 단위로 추진한 경제계획

1963
박정희 대통령 취임

1965
중앙일보사 설립
삼성문화재단 설립

1967
제2차 경제개발 5개년계획 실시

한국비료 울산 공장 준공

1957
한글학회, 우리말 큰사전 완간
한글학회에서 엮어 을유문화사에서 간행한 대규모 국어사전

1960
4·19혁명
1960년 4월 자유당 정권이 개표를 조작하자, 부정선거 무효와 재선거를 주장하며 학생들이 중심이 되어 일으킨 혁명

1961
5·16군사정변
박정희의 주도로 일부 군인들이 제2공화국을 무력으로 무너뜨리고 정권을 장악한 군사정변

서울 텔레비전 방송국(KBS) 개국

한국경제인협회 초대회장 취임
현 전국경제인연합회

1968
국민교육헌장 선포
당시 대한민국 교육의 지표를 담은 헌장

안양컨트리클럽 개장
현 안양베네스트CC

1969
삼성전자공업주식회사 설립

1970
새마을운동 시작
1970년부터 시작한 범국민적 지역사회 개발운동

1972
제3차 경제개발 5개년계획 실시

7·4남북공동성명
남북한 당국이 국토 분단 이후 최초로 통일과 관련하여 합의·발표한 역사적인 공동성명

1973
제일기획 설립

1974
서울 지하철 1호선 개통

삼성석유화학 설립
삼성중공업(주) 설립

1976
삼성전자, 컬러텔레비전 생산 시작

용인 자연농원 개장
현 에버랜드

삼성조선(주) 설립

한국반도체 인수

1980
5·18민주화운동
전라남도 및 광주 시민들이 계엄령 철폐와 전두환 퇴진, 김대중 석방 등을 요구하며 벌인 민주화운동

KBS, 컬러 텔레비전 첫 방영

전두환 대통령 취임

삼성전자, 삼성반도체 흡수합병

1981
수출 200억 달러 달성

1982
호암미술관 개관

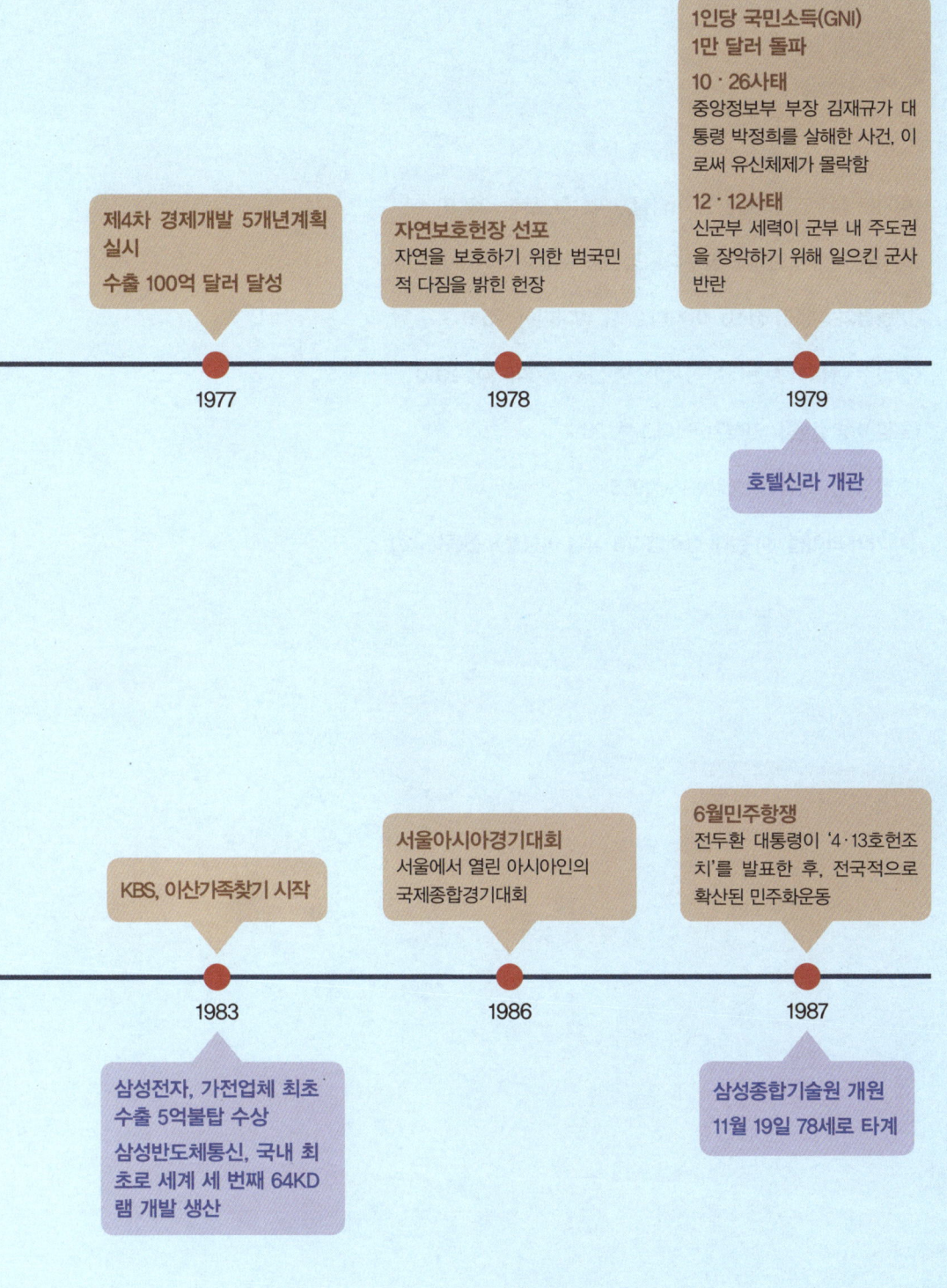

참고문헌

《이기는 정주영, 지지 않는 이병철》, 박상하, 무한, 2009

《이병철 거대한 신화를 꿈꾸다》, 김찬웅, 세종미디어, 2010

《이병철의 기업가 정신》, 야지마 긴지, W미디어, 2010

《창업주 DNA서 찾는다》, 아시아경제신문, FKI미디어, 2010

《호암 이병철 義》, 민석기, 리더스북, 2012

《호암자전》, 이병철, 중앙M&B, 1986

〈[세기의 라이벌 ⑥] 현대 정주영 VS 삼성 이병철〉, 신동아, 2012